Zuiver ons hart

Een verzameling toepsraken van
Sri Mata Amritanandamayi

Samengesteld door Swami Jnanamritananda

Mata Amritanandamayi Center, San Ramon
Californië, Verenigde Staten

Zuiver ons hart
Een verzameling toespraken van Sri Mata Amritanandamayi
Samengesteld door Swami Jnanamritananda

Uitgegeven door:
Mata Amritanandamayi Center
P.O. Box 613
San Ramon, CA 94583
Verenigde Staten

———————— *Lead us to Purity (Dutch)* ————————

Eerste druk door het MA Center: mei 2016

In Nederland:
  www.amma.nl
  info@amma.nl

In België:
  www.vriendenvanamma.be

In India:
  www.amritapuri.org
  www.embracingtheworld.org
  inform@amritapuri.org

O Hoogste Wezen,
leid ons van onwaarheid naar Waarheid,
van de duisternis naar het Licht,
en van de dood naar Onsterfelijkheid.
Om, vrede, vrede, vrede.

– Brihadaranyaka Upanishad 1,3,28

Inhoud

Voorwoord

Dit boek bevat een verzameling van de lezingen die Amma tussen 1990 en 1999 in India gegeven heeft. Omdat Amma de waarheden van het leven onthult in het licht van spiritualiteit en op een manier die door logica niet betwist kan worden, krijgt de lezer niet alleen een nieuwe kijk op het leven, maar wordt hij ook geïnspireerd om te leven volgens de universele principes die Amma op zo'n kristalheldere manier uitlegt. Als een moeder die tot haar kind praat, brengt Amma diepgaande principes aan het licht in de meest eenvoudige bewoordingen. In dit boek krijgen we fascinerende antwoorden op de talloze vragen die de meesten van ons gesteld hebben of op een bepaald moment hebben willen stellen.

De lezer zal ontdekken dat een paar lezingen dezelfde voorbeelden of verhalen bevatten. Deze zeldzame herhalingen hebben we gelaten zoals ze zijn omdat de voorbeelden zo mooi zijn en zo prachtig in de context van de tekst passen. Ook wilden de uitgevers op geen enkele manier met Amma's toespraken knoeien.

Iedere zin die Amma uit, helpt ons om het uiteindelijke doel van het leven te begrijpen en toont wegen naar realisatie van dat doel. Amma's woorden leiden ons en moedigen ons aan naar een werkelijk vervuld en zinvol leven.

Deel 1

Kinderen van de Onsterfelijkheid

Amma's verjaardagboodschappen

Mogen mijn verzen voortgaan als de zon op zijn pad.
Mogen alle kinderen van de onsterfelijkheid luisteren,
zelfs degenen die naar de hemel zijn opgestegen.

– Shvetashvatara Upanishad 2,5

Amma kijkt tijdens de viering van haar verjaardag naar haar kinderen.

Het beoefenen van dharma

Amma's verjaardagsboodschap in 1990

Ongeveer 20.000 mensen van alle rangen en standen en uit heel India bezochten de viering van Amma's verjaardag in 1990. Honderden mensen uit het westen namen ook deel. Tegen het eind van de jaren negentig waren de menigten aangegroeid to meer dan 50.000 mensen

Mijn lieve kinderen,[1]

Amma[2] is blij dat jullie op haar verjaardag zo gelukkig zijn en onbaatzuchtig dienen.

Behalve dit ervaart Amma geen speciale vreugde door deze vieringen. Amma heeft hier allemaal mee ingestemd alleen om het geluk van haar kinderen te zien. Mijn lieve kinderen, het maakt Amma echt blij als ze ziet dat jullie van elkaar houden en mededogen met anderen hebben. Het maakt Amma ook veel blijer als jullie als vrijwilliger een vuil riool in de buurt schoonmaken dan wanneer jullie haar voeten wassen en aanbidden. Wees bereid om de wereld te dienen met evenveel devotie en passie als jullie laten zien bij het dienen van Amma. De echte aanbidding van Amma's voeten is het onbaatzuchtig streven om het lijden in de wereld weg te nemen. Het zou Amma echt gelukkig maken als haar kinderen haar verjaardag zouden beschouwen als de dag om de tranen van de lijdende mensen af te vegen.

---

[1] Amma noemt de mensen haar kinderen of haar zonen en dochters. Wanneer ze over mensen praat, zegt ze vaak 'de kinderen'.
[2] Amma betekent 'moeder' in het Malayalam. Amma noemt zichzelf gewoonlijk in de derde persoon 'Amma'.

Bevorder een houding van verzaking

Als jullie van Amma houden en willen dat ze gelukkig is, doe dan een gelofte dat jullie op iedere verjaardag van haar tenminste één slechte gewoonte opgeven. Dat zou jullie ware liefde voor Amma tonen. Als geluk bijvoorbeeld werkelijk in sigaretten lag, zou iedereen dan niet gelukkig worden door te roken? Maar dat is niet het geval. Sommige mensen kunnen de geur van sigaretten niet uitstaan; die irriteert hen. Geluk hangt niet van voorwerpen af; geluk hangt van de geest af. Door onze geest onder controle te brengen kunnen we vreugde ervaren zonder de hulp van uiterlijke voorwerpen. Dus, waarom geld verspillen en je gezondheid in gevaar brengen? Degenen onder jullie die roken, doe een gelofte dat je vanaf deze dag ophoudt met roken. Het geld dat jullie op die manier besparen kan uitgegeven worden aan het onderwijs aan een kind in nood. Degenen onder jullie die alcohol drinken, doe een gelofte om op te houden met drinken. Ook wordt er vaak honderd tot vijfhonderd roepies uitgegeven aan een enkel kledingstuk. Sommigen van jullie kopen minstens tien sari's per jaar. Maak er dit jaar negen van en besteed dat extra geld aan medicijnen voor een behoeftig iemand die ziek is. Kinderen, als jullie van Amma houden, als jullie van het Hoogste Wezen houden, moeten jullie bereid zijn om zo'n houding van verzaking aan te nemen.

Mijn kinderen, zonder verzaking kunnen we God niet realiseren. *Tyagenaike amritatvamanashuh* – "Alleen door verzaking kan men onsterfelijkheid bereiken." Om een bepaald doel te bereiken moeten we altijd iets opgeven. Om voor een examen te slagen moeten we hard studeren en dat doel voor ogen houden. Als we een brug willen bouwen, moeten we met veel zorg en geduld te werk gaan. De basis van succes bij iedere inspanning is verzaking.

We kunnen de oceaan van *samsara*[3] niet oversteken zonder de geest van verzaking. Zonder verzaking levert het reciteren van mantra's niets op. Hoe vaak we een mantra ook reciteren, we kunnen onze geliefde godheid[4] (*ishta devata*) niet realiseren zonder de geest van verzaking of onthechting. De godheid zal verschijnen voor iemand die deze houding wel heeft, zelfs als hij geen mantra herhaalt. Alle goddelijke wezens komen zo iemand bij zijn werk helpen. Dit betekent niet dat we geen mantra hoeven te reciteren, maar dat we ook volgens die principes moeten leven. Een zaadje zaaien is niet genoeg. Perfectie wordt bereikt als goede daden verricht worden met de houding van verzaking. Onze goede daden laten zien hoeveel we gegroeid zijn.

Mededogen met de armen is onze plicht tegenover God

We aanbidden God in de tempel door rondom de tempel te lopen en "Krishna! Krishna!" te roepen. Als we daarna weggaan, smeken de bedelaars aan de deur ons: "Help me! Ik lijd honger!" Maar we kijken zelfs niet naar hen. We schreeuwen: "Ga weg!" en lopen weg zonder ze zelfs een vriendelijke blik waardig te keuren.

Er was eens een discipel die niet van aalmoezen geven hield. Zijn spirituele meester wist dit en ging vermomd als bedelaar naar zijn huis. Hij kwam toen de leerling net bezig was melk en fruit voor een afbeelding van de meester te offeren. De meester bedelde om wat voedsel, maar de leerling joeg hem weg en schreeuwde: "Er is hier niets voor jou!" De meester verwijderde toen zijn vermomming. De leerling was diep geschokt en boog zich aan de voeten van de meester.

---

[3] De wereld van verscheidenheid, de cyclus van geboorte, dood en wedergeboorte.

[4] De godheid die iemand verkiest te aanbidden in overeenstemming met zijn eigen aard. Die godheid is het voorwerp van zijn sterkste verlangens en zijn hoogste doel.

We zijn allemaal als die leerling. We houden alleen van het uiterlijk. We houden niet van de innerlijke essentie. We offeren melk en *payasam* (zoete rijstepudding) aan een afbeelding, maar nog geen cent aan een bedelaar. Amma bedoelt niet dat we overvloedig geld aan bedelaars moeten geven. We moeten voorzichtig zijn als we mensen geld geven, omdat velen het aan alcohol en drugs uitgeven. In plaats daarvan kunnen we voedsel, kleding en een paar vriendelijke woorden geven. Dat is onze plicht tegenover God. Dus, mijn kinderen, geef hen die honger hebben te eten en help degenen die lijden.

God is overal en doordringt alles. Wat kunnen we God aanbieden? Echte liefde en devotie voor God is niets anders dan mededogen met de armen en de mensen in nood.

Mijn kinderen, dit is Amma's boodschap voor jullie: Troost de bedroefden en help de armen. De armen wegjagen of naar ze snauwen is niet een teken van devotie. Geen enkel gebed zal vrucht dragen als je bidt terwijl je anderen schaadt of kwaad over hen spreekt. Laten we een paar troostende woorden spreken tegen degenen die naar ons toe komen. Laten we hen met een glimlach verwelkomen. Schud alle arrogantie van je af en wees nederig. Zelfs als er een fout bij anderen zit, wees dan vergevingsgezind tot het uiterste. Dit zijn verschillende aspecten van gebed. Zulke gebeden worden door God geaccepteerd.

Zelfs als we onze mantra een miljoen keer herhalen en op talloze pelgrimstochten gaan, zullen we God niet bereiken, als we wrok tegenover anderen koesteren of hen vertrappen. Als we melk in een vieze pot gieten, is het enige resultaat dat de melk bederft. Goede daden zuiveren de geest.

Mijn kinderen, Amma vraagt jullie – ze beveelt het niet, omdat Amma niet het gezag heeft om iemand te bevelen – om een gelofte te doen om een slechte gewoonte of een luxe artikel op te geven. Er is geen andere manier om onze gebeden vrucht te laten dragen.

We moeten alle moeite doen om ons hart op zo'n manier te vormen dat we bereid zijn om de mensen die in ellende leven te helpen en de mensen die lijden te troosten. Men zegt dat we om onze geest te verruimen de hongerlijdende mensen voedsel moeten geven, geen scheldwoorden. We zullen het gezicht van iemand die ons hielp toen wij in de problemen zaten, nooit vergeten. Als onze vinger per ongeluk in ons oog steekt, snijden we onze vinger niet af! We vergeven het de vinger en verzorgen en kalmeren het oog, omdat zowel het oog als de hand van ons zijn. Mijn kinderen, op dezelfde manier moeten we zoveel mogelijk van anderen houden en hun hun fouten vergeven. Dit is echte liefde voor God. Degenen die zulke liefde in hun hart hebben, zullen Gods genade ontvangen.

Sommige mensen komen naar Amma en zeggen: "Amma, ik heb zoveel problemen. Maak alstublieft een *sankalpa* (goddelijke beslissing) voor me!" Maar zodra ze met de ashramboot naar het vasteland zijn overgestoken, zien we diezelfde mensen recht op de drankwinkel afgaan. Anderen zijn zelfs dronken als ze hier komen. Amma is niet kwaad op hen, noch trekt ze hun recht in twijfel. Amma maakt zelfs een *sankalpa* voor hen, maar ze kunnen het profijt ervan niet ontvangen. Hun geest is als een rots. Hun leven is vol egoïsme.

Gebed

Jullie kunnen de *ashram* vele jaren bezoeken, Amma's darshan ontvangen en ontelbare malen bidden, maar om hiervan echt profijt te hebben moeten jullie ook goede daden verrichten. Als jullie hier komen, kunnen jullie je van je mentale last ontdoen. Maar sommige mensen die hier komen, zijn er alleen in geïnteresseerd om zo snel mogelijk naar huis terug te gaan. Wat voor overgave is dit?

Amma voelt gewoonlijk medelijden als ze het verdriet van haar kinderen ziet. Maar voor sommige mensen smelt haar hart niet omdat haar geest zegt: "Die persoon is egoïstisch. Kijk eens hoeveel geld en energie hij aan bedrieglijke dingen besteedt. Waarom zou Amma een besluit nemen voor hen die niet bereid zijn zelfs maar één ding voor zichzelf op te geven?" Dat is de reden waarom sommige mensen niet krijgen wat ze wensen. Hoe kan Amma mensen die een volledig zelfzuchtig leven leiden, overladen met haar mededogen?

Het zijn de gebeden en goede daden van haar kinderen die Amma's *sankalpa* vrucht doen dragen. Zonder gebeden en goede daden krijgen haar kinderen geen enkel profijt zelfs als Amma een besluit voor hen neemt. Het tv-station zendt programma's uit, maar we kunnen die programma's alleen zien als we ons tv-toestel goed afstemmen. Op dezelfde manier moet je je geest op de wereld van God afstemmen om enig profijt te hebben.

Probeer tenminste één stap naar het Hoogste Wezen te zetten. Dan zul je zien hoeveel stappen het Hoogste Wezen naar jou zet. Zij die egoïsme opgeven, goede daden verrichten en op de juiste manier bidden, worden niet met verdriet geconfronteerd. Hebben jullie het verhaal van Kuchela?[5] niet gehoord? Dit zijn niet zomaar verhalen, het zijn echte ervaringen. En er zijn ontelbare van zulke ervaringen.

Mijn kinderen, jullie moeten met liefde en devotie bidden. Jullie hart moet smelten als jullie bidden. Tranen worden soms als een zwakte gezien, maar tranen storten om God te kunnen zien is helemaal geen zwakte. De helderheid van een kaars neemt toe als hij verder smelt. Tranen zijn een gemakkelijke manier om de geest te verruimen. Onze tranen wassen de onzuiverheden van de geest weg en we krijgen hieruit kracht.

---

[5] Zie woordenlijst

Als we echter huilen om dingen die onwerkelijk zijn, is dat een zwakte; het ontneemt ons onze kracht. Tranen storten uit bezorgdheid over de dingen die we morgen moeten verkrijgen, is zwakte. En als dan de tijd komt om iets te presteren, heb je al je kracht door het huilen verloren en word je ziek. Als je een verwonding oploopt, breng dan het juiste medicijn aan. Het is zinloos om door te blijven huilen. Sommige ouders zijn overmand door zorgen over het organiseren van het huwelijk van hun kinderen. Omdat de ouders niet kunnen slapen, nemen ze hun toevlucht tot slaappillen en op de dag van de bruiloft ligt de vader of moeder in het ziekenhuis. Amma ziet talloze van zulke zwakke mensen. Sommigen maken zich zorgen over het bouwen van een huis. Tegen de tijd dat het huis eindelijk klaar is, kan de eigenaar zelfs niet om het huis heen lopen, omdat hij een hartaanval gehad heeft. De meeste mensen verliezen vandaag de dag hun enthousiasme, energie en gezondheid door angst over talloze dergelijke zaken. Dat is zwakheid. Als we daarentegen tranen om God storten, krijgen we enthousiasme, energie en innerlijke rust.

Het doel van vertrouwen in God en bidden is niet om na de dood naar de hemel te gaan. Sommige mensen zeggen dat spirituele meesters en ashrams bijgeloof aankweken en alleen voor misleide mensen zijn. Maar degenen die zulke beweringen doen, begrijpen de waarheid niet; het ontbreekt hun aan intelligentie. Hun geest is vervormd. De spirituele meesters leren ons hoe we de zwakheden van de geest kunnen transcenderen en hoe we ervoor kunnen zorgen dat de harmonie in het leven niet verstoord wordt. Ashrams zijn centra die deze kennis verspreiden.

In de bouw worden stalen staven gebruikt om beton te wapenen. Zonder die staven zouden gebouwen instorten. Vertrouwen in God kan met deze staven vergeleken worden. Vertrouwen versterkt onze zwakke geest. Als we vertrouwen hebben, huilen we niet om irreële dingen en worden we er niet gek van.

In de kranten kun je lezen dat er iedere dag veel mensen zelfmoord plegen. De reden voor de meeste zelfmoorden heeft niets te maken met gezondheid of rijkdom; het heeft te maken met gebrek aan mentale kracht. Die mentale zwakheid zal verdwijnen als we echt vertrouwen in God kunnen ontwikkelen. Door vertrouwen wordt de geest rustig. We kunnen dan kleine moeilijkheden overwinnen zonder dat we er aan te gronde gaan. Dus mijn kinderen, neem je toevlucht helemaal tot de Allerhoogste, tot God. Zorg ervoor dat je een heldere geest hebt. Dan hoef je niet bedroefd te zijn. Alles wat je nodig hebt, zal naar je toe komen. Als dit niet gebeurt, vertel het dan aan Amma. Het zal zonder mankeren gebeuren. Amma praat uit haar eigen lange ervaring.

Beoefen matiging

De meeste kinderen van Amma die hier gekomen zijn, worden in beslag genomen door de gedachte om terug naar huis te gaan als ze eenmaal hier zijn. Ze piekeren erover welke bus ze moeten nemen. Zodra ze Amma ontmoet hebben, buigen ze zich gehaast en gaan snel terug. Velen hebben slechts één ding te zeggen: "Amma, er is niemand thuis, dus moeten we meteen vertrekken. De bus vertrekt spoedig." Overgave is niet op het niveau van woorden; het toont zich in onze daden. Die kinderen kunnen zich niet helemaal aan de Hoogste Waarheid overgeven, zelfs niet die ene dag dat ze hier zijn. Zelfs als ze Amma ontmoeten, is het maar een enkeling die de weg naar God zoekt, tussen alle klachten en verzoeken die ze haar voorleggen. Dit betekent niet dat we wereldse zaken moeten negeren, maar we moeten erkennen dat ze niet blijvend zijn. Mijn kinderen, hoewel we misschien steeds wereldse dingen achtervolgd hebben en daarbij van eten en slaap afgezien hebben, heeft het ons alleen verdriet gebracht. Vergeet dit niet. Wijd dus vanaf nu een beetje van je tijd helemaal aan

God als je een tempel of een ashram bezoekt. Zet je gehechtheden opzij, in ieder geval gedurende die tijd.

Er was eens een koning die besloot om troonsafstand te doen en het leven van een vanaprasthi[6] te beginnen. Hij besloot al zijn rijkdom aan zijn onderdanen te geven. Hij gaf iedereen alles waar hij om vroeg. Er kwam een jongeman voor de koning die zijn problemen beschreef. De koning gaf hem een aanzienlijk deel van zijn rijkdom, maar de jongeman was niet tevreden. Toen hij naar het paleis vertrok, had zijn vrouw tegen hem gezegd: "Kom pas terug nadat je zoveel mogelijk van de koning gekregen hebt." De koning, die de hebzucht van de man zag, zei: "Er is hier een rivier waarin kostbare koraal groeit. Je kunt het je eigen maken." De jongeman was dolgelukkig. De koning vervolgde: "Maar er is één voorwaarde. Je krijgt precies twaalf uur. Neem een boot en roei zo ver als je kunt en keer binnen die tijd terug. Je kunt het deel van de rivier opeisen dat je hebt afgelegd en alle koraal die daar gevonden wordt, zal van jou zijn. Maar als je slechts één seconde te laat bent, krijg je niets." De jongeman stemde ermee in. Op de afgesproken dag verzamelden zich grote mensenmenigten op beide oevers van de rivier om hem te zien roeien. Zijn vrouw en vrienden drongen er bij hem op aan om de hele rivier als eigendom op te eisen, ook al was dat nog ze moeilijk te verwezenlijken. Ze herinnerden hem eraan dat het een enorme prestatie zou zijn als hij de eigenaar van zoveel rijkdom zou worden. De man was opgewonden en begon te roeien. Hij roeide zes uur lang en toen besloot hij uit hebzucht om verder te gaan. Er gingen nog twee uur voorbij. Nu was er slechts vier uur over om naar het vertrekpunt terug te keren. In de helft van de tijd moest hij de hele afstand afleggen die hij in

---

[6] In India zijn er traditioneel vier levensstadia. Vanaprastha is het derde stadium. Wanneer de kinderen van een echtpaar oud genoeg zijn om voor zichzelf te zorgen, trekken de ouders zich terug in een hermitage of een ashram, waar ze een zuiver spiritueel leven leiden en spirituele oefeningen doen.

acht uur had afgelegd. Hij begon heel snel te roeien. Zijn vrouw en vrienden moedigden hem aan en jutten hem op. Ze riepen: "Je inspanning is helemaal voor niets geweest als je zelfs maar een seconde te laat bent. Schiet op! Roei snel!" De tijd was bijna om. Maar het was een lange weg terug naar het startpunt. Hij roeide uit alle macht. Zijn borst begon pijn te doen. Toch hield hij niet op met roeien. Hij drukte een hand tegen zijn borst en bleef met de andere hand roeien. Zijn vermoeidheid nam toe. Hij spuugde bloed, maar toch hield hij niet op met roeien door zijn hebzucht naar meer rijkdom. Uiteindelijk slaagde hij erin om bij het beginpunt terug te komen één seconde voor de afgesproken tijd. Zijn vrouw en vrienden dansten van vreugde, maar de jongeman stortte in en blies precies daar zijn laatste adem uit.

Nu had de vrouw het probleem dat ze het lichaam terug naar huis moest brengen. Hun huis was ver weg. Er was een vervoermiddel nodig. De vrouw zei: "Hoe dan ook, hij is dood. Ik zou een voertuig moeten huren als ik het lichaam naar huis zou laten brengen. Ik moet onze kinderen opvoeden. Ik heb niet genoeg geld om transport te huren. Laten we hem dus hier ergens begraven. Dat is genoeg." Dus voor de jongeman eindigde het allemaal één meter onder de grond. Niemand vergezelde hem. Zijn vrouw en zijn vrienden, die hem hadden aangezet om al die onverdiende rijkdom te verwerven, en zijn kinderen, niemand ging met hem mee. En ook niets van de rijkdom ging met hem mee. Zo is het leven, mijn kinderen! De mensen leiden hun leven zonder hun geest ook maar een moment rust te gunnen. Ze maken zich voortdurend zorgen over hun gezin en hun geld en nemen hun toevlucht vaak tot gewetenloze middelen om wereldse rijkdom te verwerven. Maar gaat er op het laatst iets daarvan met hen mee? Nee!

Lijden begint zodra het verlangen naar wereldse dingen opkomt. Zelfs als de verlangens bevredigd worden, wacht het lijden alleen zijn beurt af, omdat de dingen waar we naar verlangen, niet blijvend zijn. Ze gaan morgen verloren, zo niet vandaag. God is de enige bron van blijvende vrede. Je kunt lijden vermijden als je gaat inzien dat materiële genoegens niet blijvend zijn en je in overeenstemming daarmee begint te leven.

Amma zegt niet dat je geen rijkdom of wereldse zaken nodig hebt. Laat daarvan genoeg zijn om in je behoeften in het leven te voorzien, maar niet meer. Wees je bewust van wat eeuwig is en je vrede geeft en streef ernaar dat te bereiken. Hemel en hel bestaan hier op aarde. Het is de geest die hemel of hel creëert. Daarom moeten we de geest onder controle hebben. Dan hoeven we geen verdriet te ervaren. Er zal alleen gelukzaligheid, gelukzaligheid en gelukzaligheid zijn.

Amma na de padapuja tijdens de viering van haar verjaardag.

Echte devotie is devotie aan het Godsprincipe

Amma's verjaardagsboodschap in 1991

Mijn kinderen, sluit je ogen en breng je geest tot rust. Laat alle gedachten los en concentreer je op de voeten van je geliefde godheid. Denk niet aan thuis of je werk of de bus terug naar huis. Denk alleen aan je geliefde godheid. Houd helemaal op met praten en herhaal Gods naam. Het doet er niet toe hoeveel water je op de takken van een boom giet; dat heeft geen zin. Maar als je water op de wortels giet, zal het alle delen van de boom bereiken. Richt je dus alleen op Gods voeten, want aan iets anders denken is even nutteloos als water gieten op de takken van een boom.

Als je boot vastgebonden is aan de oever van de rivier, kun je de rivier niet oversteken, ook al roei je nog zo hard. Op dezelfde manier heb je als je bidt geen profijt van je gebeden, wanneer je geest vastzit aan je gezin en je rijkdom, hoeveel je ook bidt. Dus als je bidt, geef je geest dan volledig aan God over. Mijn kinderen, alleen dit zal vruchten afwerpen.

In de spirituele wereld is geen geboorte of dood. Zodra het idee dat we geboren zijn verdwijnt, hebben we Gods deur bereikt. Het rijk van het Hoogste Wezen ligt voorbij zowel leven als dood.

Amma heeft met deze vieringen ingestemd alleen met het geluk van haar kinderen voor ogen. Dit is de tijd dat jullie onthechting, liefde en gevoel van gelijkheid zichtbaar worden. Bovendien krijgt Amma de kans om jullie allemaal samen te zien.

Zij die hier gekomen zijn, moeten niet teruggaan zonder iets gedaan te hebben. Ga alleen naar huis nadat je een mantra herhaald hebt en een poosje gemediteerd hebt. Spirituele oefeningen zijn onze enige echte rijkdom en daarom vraagt Amma jullie om archana[7] te doen.

Omdat Amma veel belang aan gebed hecht, zijn er mensen die ons pad kleineren als een pad van devotie (*bhakti*). Zij zien devotie als minderwaardig. Sommige mensen ontkennen het bestaan van God. Voor anderen is God vormloos en zonder eigenschappen. Zulke mensen zien devotie gewoonlijk als een zwakte. Het is waar dat het aanbidden van veel verschillende goden of slechte geesten alleen maar blinde devotie is. Echte devotie leert ons om het ene, allesdoordringende, Hoogste Wezen in onszelf en in alles te zien.

Er was eens een man die door iedereen als een man van devotie erkend werd. 's Ochtends vroeg kwam een vriend hem opzoeken. Maar men vertelde de bezoeker dat de man bezig was Heer Ganesha te aanbidden. Na een tijdje informeerde de bezoeker opnieuw en vernam dat zijn vriend nu bezig was met een *puja* voor Heer Shiva. De bezoeker begon een gat in de binnenplaats te graven. Na een tijdje informeerde hij opnieuw. Zijn vriend aanbad nu de Heilige Moeder. De bezoeker groef nog een kuil. Toen de gastheer eindelijk tevoorschijn kwam, nadat hij alle puja's voltooid had, merkte hij op dat zijn binnenplaats vol kuilen was. Hij vroeg zijn vriend wat er gebeurd was. Zijn vriend antwoordde: "Ik wilde wat water. Als ik de tijd die ik besteed heb aan het graven van al deze afzonderlijke kuilen, gebruikt had om slechts op één plaats te graven, had ik al lang geleden volop water gevonden. Alles wat ik nu heb door het graven van al die gaten is een verspilling van tijd en energie." De toegewijde begreep wat zijn vriend wilde zeggen. Als hij de tijd die hij besteed had aan het aanbidden van talloze goden, gebruikt had om zich te concentreren op slechts één godheid, zou hij lang geleden zijn doel al bereikt hebben. Alle goden zijn de ene God die in ons woont.

---

[7] Een vorm van aanbidding waarbij de namen van een godheid worden herhaald, gewoonlijk 108, 300 of 1000 keer in een sessie.

De man gaf zijn onvolwassen, primitieve devotie op en werd een echte toegewijde.

Gebed heeft zijn unieke plaats bij spirituele oefeningen. Gebed is geen zwakte. Als we met vertrouwen en oprechtheid bidden, kunnen we de liefde die in ons sluimert, tot leven brengen. Dit kan vergeleken worden met de techniek waarbij men vis vangt door met licht in het water te schijnen.

Devotie is het onderscheid (*viveka*) tussen het eeuwige en het tijdelijke. De handelingen die we verrichten met het bewustzijn van wat eeuwig is en wat vergankelijk is, zijn devotie.

Er is nog een reden waarom devotie belangrijk is. We kunnen met onze spirituele oefeningen snel vooruitgang boeken door hetzelfde patroon te volgen dat we tot nu toe in het leven gevolgd hebben. In onze kinderjaren vinden we ons geluk door op moeders schoot te zitten. Een tijdje later vinden we ons geluk in het delen van onze vreugde en verdriet met onze vrienden. Als we volwassen zijn, komt er een echtgenoot of echtgenote om ons verdriet te delen. Zo zijn we geneigd om onze geest steeds op iemand gericht te houden, wanneer we ieder stadium in het leven doorlopen. Zo vinden mensen geluk. Zo iemand kan misschien niet plotseling overgaan tot het aanbidden van een vormloos Hoogste Wezen. Daarom is het aanbidden van God met een vorm praktischer.

Zelfs als we ons er intellectueel van overtuigen dat God geen vorm of eigenschappen heeft, vergeten we dit als zich andere situaties voordoen. Er was een man die zijn inktpotje links op zijn bureau had staan. Steeds als hij schreef, doopte hij zijn pen in de inkt. Op een dag verplaatste hij de inktpot naar de rechterkant van zijn bureau. Hoewel hij wist dat de inktpot rechts stond, bewoog zijn hand automatisch naar links om zijn pen in de inkt te stoppen, omdat die lange gewoonte een deel van zijn aard geworden was. Op dezelfde manier zetten al onze gewoonten zich in ons vast. Gewoonten kunnen niet snel veranderd worden.

Jarenlang zijn we gewend om op iets te leunen. Maar afhankelijk zijn van gewoontepatronen kan van nut zijn voor onze spirituele oefeningen. Het kan gemakkelijker zijn om op deze manier innerlijke zuiverheid te krijgen dan met welke andere methode dan ook. Daarom adviseert Amma dat je op je reis door het leven je toevlucht neemt tot je geliefde godheid. Bevrijd de geest van zijn gehechtheid aan rijkdom, familie, vrienden, positie en faam en hecht de geest alleen aan God. Richt je huidige gehechtheid aan al deze dingen en je devotie daarvoor op God.

Door de mantra van je geliefde godheid te reciteren kun je het aantal gedachten in je geest van honderd tot tien verminderen. Naarmate je meer en meer reciteert, zal de geest steeds rustiger worden en kristalhelder worden.

Zoals je de zon duidelijk gereflecteerd kan zien op de oppervlakte van een meer zonder golven, zo kun je de vorm van het Hoogste Wezen duidelijk in je geest zien, wanneer die volkomen stil is. Dit is niet een pad van zwakte en het is ook niet primitief. Het is een kortere weg naar het uiteindelijke doel.

Amma dringt er niet op aan dat jullie een bepaald pad volgen. Jullie hebben de vrijheid om ieder pad te kiezen. Denk niet dat het ene pad verschilt van het andere of superieur is. Alle paden leiden naar dezelfde ene Waarheid. Alle paden moeten gerespecteerd worden.

Iddli, dosha en *puttu*[8] zijn verschillende gerechten, maar ze zijn allemaal van rijst gemaakt. We kunnen kiezen wat het best bij onze smaak en spijsvertering past. Al die gerechten zullen onze honger stillen. Op dezelfde manier behoren mensen tot verschillende culturen en hebben verschillende smaken. De spirituele meesters hebben verschillende wegen aangewezen die bij verschillende smaken passen. Hoewel de wegen verschillend lijken, is hun essentie hetzelfde en leiden ze allemaal naar hetzelfde doel.

---

[8] Traditionele Indiase gerechten.

Dienstbaarheid, het paspoort naar God

Amma ziet veel verandering in haar kinderen vergeleken met afgelopen jaar. Meerderen van jullie zijn opgehouden met roken, drinken en hebben luxes opgegeven. Maar niet iedereen heeft dit gedaan. Volgend jaar wil Amma deze veranderingen in twee keer zoveel van jullie zien. Dat zou een echt verjaardagscadeau zijn! Sommigen van jullie zijn hier van heel ver naar toe gekomen. Jullie hebben verschillende bussen moeten nemen en veel moeite moeten doen om in de ashram te komen. Maar toch lijken jullie niet het geduld te hebben om hier zelfs maar een moment te blijven. Er zijn anderen die geïnteresseerd zijn in roddelen en roken, als ze hier gekomen zijn. Sommige mensen komen hier zelfs dronken aan. Mijn kinderen, als jullie naar de ashram komen, nadat jullie hiervoor geld uitgegeven hebben en al die moeite gedaan hebben, moeten jullie hier komen om je op God te richten. De tijd dat jullie hier zijn, moeten jullie proberen om de geest naar binnen te keren, te mediteren en je mantra in eenzaamheid te herhalen. Mijn lieve kinderen, jullie moeten een houding van gebed en dienstbaarheid hebben. Jullie moeten je primitieve egoïsme wegjagen.

Jullie weten dat gelukzaligheid niet in voorwerpen zit; gelukzaligheid zit in jullie. Als we voor ons geluk van uiterlijke voorwerpen afhankelijk zijn, verliezen we onze kracht. Echt geluk komt niet van zulke dingen. Als echt geluk in alcohol of drugs te vinden was, zou er geen enkele reden zijn waarom mensen die deze dingen gebruiken, in psychiatrische inrichtingen terecht komen. Omdat ze denken dat geluk buiten gevonden kan worden, huilen ze uiteindelijk altijd van verdriet. Zij die roken, kunnen duidelijk de waarschuwing op het pakje sigaretten zien: "Roken schaadt de gezondheid." Maar toch steken ze een sigaret op, en roken nadat ze dit gelezen hebben. Ze zijn een slaaf van hun gewoonte geworden. Ze zijn zwak. Een moedig iemand staat stevig op eigen benen. Afhankelijkheid van andere dingen is niet een teken van moed; het is slavernij. Zij die zich zorgen maken over wat anderen denken als ze niet roken of drinken, zijn de ergste lafaards en zwakkelingen.

Mijn lieve kinderen, zoveel arme mensen moeten worstelen voor hun volgende maaltijd of een stel kleren. Talloze kinderen moeten van school af, omdat ze het lesgeld niet kunnen betalen. Veel arme mensen leven in een huis met een lekkend dak omdat ze niet de middelen hebben om een nieuw dak te bouwen. En er zijn er zoveel die lijden en van de pijn kronkelen omdat ze zich de medicijnen, die hun pijn zouden verlichten, niet kunnen veroorloven. Het geld dat mensen uitgeven aan alcohol en drugs, die hun leven volledig ruïneren, zou genoeg zijn om de armen die lijden te helpen.

Het mededogen dat jullie de armen tonen, dat is jullie echte liefde voor Amma. Ontwikkel een houding van het dienen van anderen, waarbij jullie zelfs je eigen comfort opofferen. Dan komt God op jullie afgerend en zal jullie omhelzen.

Mijn kinderen, het is niet mogelijk om God alleen door gebed te bereiken. Jullie krijgen geen vergunning voor de reis naar Bevrijding zonder het paspoort van onbaatzuchtig dienen. Alleen zij die onbaatzuchtig dienen zijn bevoegd om God, het doel van Bevrijding, te bereiken.

Voortdurende oefening is essentieel

Amma weet dat jullie, ook al heeft ze herhaaldelijk gezegd dat gelukzaligheid in jullie is en niet iets is wat buiten gevonden kan worden, deze waarheid niet volledig kunnen absorberen totdat jullie het ervaren.

Een moeder woonde met haar zoon in een van muizen vergeven huis. De zoon begon aan manieren te denken om alle muizen te doden. Eerst dacht hij erover om een kat te nemen, maar toen besloot hij dat een muizenval beter was. Hij had niet genoeg geld om een muizenval te kopen en daarom besloot hij om er zelf een te maken. Hij begon het materiaal klaar te maken. Toen de jongen met dit werk bezig was, begon hij plotseling te voelen dat hijzelf in een muis veranderde. Dit gevoel werd erg sterk. Hij begon vaan angst te trillen toen hij zich voorstelde dat hij door een kat gegrepen werd. Zijn moeder zag dat hij in paniek raakte en vroeg wat er aan de hand was. Hij zei: "De kat komt eraan!" "En wat dan nog?" vroeg zijn moeder. De verschrikte jongen antwoordde: "Ik ben een muis. Als de kat me ziet, zal hij me opeten!" Telkens opnieuw probeerde zijn moeder hem gerust te stellen en zei: "Mijn zoon, je bent zeker geen muis!" Maar zijn angst bleef en hij bleef volhouden dat hij een muis was. Uiteindelijk nam ze hem mee naar een dokter. De dokter zei: "Jij bent geen muis. Kijk eens naar mij, kijk naar deze mensen. Ben je anders dan zij?" Hij liet de jongen voor een spiegel staan en de angst van de jongen verdween. De jongen liep met zijn moeder naar huis. Toen ze bijna thuis waren, stak een kat de weg over. Zodra de jongen de kat zag, veranderde zijn stemming. Hij schreeuwde: "O nee! Daar loopt een kat!" Hij rende weg en verborg zich achter een boom. Zijn moeder nam hem meteen mee terug naar de dokter. De dokter zei: "Heb ik je niet uitgelegd dat je een mens bent en geen muis? Waarom ben je dan toch nog bang als je een kat ziet?" De jongen antwoordde: "Dokter, ik weet dat ik een mens ben en dat ik geen muis ben. Maar de kat weet dat niet!"

Mijn kinderen, hoe lang we de geschriften ook bestuderen en hoe vaak we ook tegen onszelf zeggen dat we de kracht hebben om ieder probleem te boven te komen, we zullen toch wankelen als we met moeilijkheden geconfronteerd worden en we onze geest niet volledig onder controle gebracht hebben. We kunnen ontelbare malen horen dat we niet het lichaam, de geest of het intellect zijn, dat we de belichaming van gelukzaligheid zijn, maar we vergeten dit wanneer we zelfs maar alledaagse problemen krijgen. Voortdurende oefening is daarom essentieel als we sterk willen zijn op het moment dat er problemen komen. We moeten de geest oefenen om ononderbroken in dat bewustzijn te blijven. De geest moet getraind worden om alle hindernissen uit de weg te ruimen in de overtuiging dat we geen lammetjes zijn maar leeuwenwelpen! We moeten ons aan God overgeven, ongeacht welk verdriet ons overkomt en zonder angst handelen. Het is veel beter om alles aan Gods voeten over te geven en dapper tot activiteit over te gaan dan onze tijd te verspillen en onze gezondheid te ruïneren door te treuren. Omstandigheden kunnen niet veranderd worden door te bezwijken voor verdriet of luid te weeklagen. Waarom dus toegeven aan droefheid? Als we een wond hebben, moeten we een genezende zalf aanbrengen in plaats van alleen maar te huilen. Zo ook is het in iedere crisis nodig om zonder te wankelen een oplossing te zoeken.

Mijn kinderen, als jullie je droefheid niet helemaal onder controle hebben, mediteer dan en herhaal een tijdje een mantra of lees in de geschriften. Bind de geest aan een taak die je graag doet in plaats van hem rond te laten dwalen. Je geest zal dan tot rust komen. Op die manier zul je je tijd niet verspillen of je gezondheid verpesten.

Als een auto of een gebouw verzekerd is, heeft de eigenaar geen zorgen omdat hij weet dat de verzekeringsmaatschappij hem de schade zal vergoeden, als er een ongeluk zou gebeuren. Op dezelfde manier hebben zij die handelen nadat ze hun geest aan de Allerhoogste hebben overgegeven, niets te vrezen. In iedere crisis zal God er zijn om ons te helpen. Hij zal ons beschermen en leiden.

Hoe geven we uit liefdadigheid?

Mijn kinderen, het voelen van compassie met de armen, voelen dat ons hart smelt vanwege de pijn van anderen moet onze inspiratie om te dienen zijn. Als we een beetje langer werken, zelfs als we uitgeput zijn, toont die inspanning, die onbaatzuchtig aangeboden wordt zonder er iets voor terug te verwachten, onze toewijding aan ons werk. Als het geld dat we hierdoor verdienen, gebruikt wordt om de armen te helpen, is dat een teken van ons mededogen. Mijn kinderen, gebed alleen is niet genoeg. We moeten ook goede daden verrichten. Om een baan te krijgen zijn diploma's niet voldoende. We hebben ook referenties nodig. We krijgen geen *payasam* door alleen rijst in een pot water te gieten en die te koken. We moeten ook bruine suiker en gemalen kokos toevoegen. Alleen door de juiste ingrediënten te combineren krijgen we *payasam*. Op dezelfde manier doet gebed alleen ons niet voor Gods genade in aanmerking komen. Onbaatzuchtig dienen, onthechting, overgave en compassie zijn allemaal essentieel.

Er was eens een man die geen innerlijke rust kende, hoewel hij erg rijk was. Hij dacht dat hij altijd gelukkig zou zijn als hij de hemel kon bereiken. Hij vroeg veel mensen om raad hoe hij naar de hemel kon gaan. Uiteindelijk kwam hij bij een monnik die tegen hem zei: "Door aalmoezen te geven kun je in de hemel komen. Maar je moet geen oordeel hebben over de mensen aan wie je aalmoezen geeft. En je moet je geld gul schenken." De rijke man kocht veel koeien die hij van plan was weg te geven. Hij hoefde niet veel geld uit te geven, omdat hij oude koeien kocht die niemand anders wilde kopen. De monnik had hem gezegd dat hij het geld dat hij weggaf, niet moest tellen. Daarom wisselde hij wat geld om in kleingeld, zodat het niet veel zou kosten ook al gaf hij er handenvol van weg. De datum van het charitatieve evenement werd van te voren aangekondigd. De monnik kende de rijke man heel goed. Hij maakte zich zorgen dat wat de man deed in de hoop om te hemel te bereiken, hem juist naar de hel zou leiden. Hij besloot om te proberen hem te redden. Hij vermomde zich als bedelaar en ging in de rij staan bij de mensen die op de liefdadige schenkingen wachtten. Hij kreeg een handvol muntjes en een koe die vel over been was en te zwak om te lopen. Toen hij deze dingen gekregen had, gaf de monnik de rijke man een gouden schaal. De rijke man was dolgelukkig dat hij iets terug ontvangen had wat veel meer waard was dan wat hij gegeven had. De vermomde monnik zei tegen de man: "Ik heb een verzoek. Geef me deze schaal alstublieft terug, als we in de hemel komen." De rijke man stond verstomd. "Teruggeven als we in de hemel komen? Hoe is dat mogelijk? We sterven voordat we in de hemel komen. Hoe kunnen we dus al die dingen meenemen? Als we doodgaan, gaat geen van deze voorwerpen met ons mee!"

De rijke man begon na te denken over wat hijzelf zojuist gezegd had, dat niets met ons meegaat voorbij de drempel van de dood. En de wijsheid begon in hem te dagen. Hij dacht: "Als we sterven, kunnen we geen enkele rijkdom met ons meenemen. Waarom ben ik dan zo vrekkig tegenover deze arme mensen? Wat ben ik een zondaar dat ik zo gierig ben geweest!"

De rijke man viel aan de voeten van de heilige man die zijn ogen geopend had. Hij smeekte om vergeving voor het onrecht dat hij zijn medemensen had aangedaan. Hij gaf zijn rijkdom weg zonder een greintje spijt. Toen hij dit deed, ervoer hij een gelukzaligheid die hij nooit eerder in zijn leven gevoeld had.

Mijn kinderen, hoewel velen van ons anderen geschenken geven, zijn de meesten van ons krenterig als we geven. Onthoud dit, mijn kinderen: hoe rijk we ook zijn, niets van onze rijkdom zal altijd bij ons blijven. Dus waarom gierig zijn? We moeten zoveel mogelijk doen om de lijdende mensen te helpen. Dit is echte rijkdom. Dit is de weg naar vrede en rust.

Mijn kinderen, we moeten onze geest aan God overgeven. Dit is niet gemakkelijk omdat de geest niet een voorwerp is dat we op kunnen pakken en weggeven. Maar als we iets weggeven waar de geest aan gehecht is, is dat hetzelfde als de geest overgeven. Op dit moment is de geest van de meeste mensen gehecht aan rijkdom, meer dan aan iets anders, zelfs meer dan aan hun geliefden. Er zijn veel mensen die bereid zijn om op de een of andere manier hun ouders uit de weg te ruimen, omdat ze weten dat ze hun aandeel in het familie-eigendom pas krijgen na de dood van hun ouders. En als ze erachter komen dat hun aandeel in het eigendom kleiner is dan verwacht, spannen ze een rechtszaak aan tegen hun ouders. Hun liefde voor bezit is sterker dan hun liefde voor hun ouders.

Als we de rijkdom waaraan onze geest gehecht is, opgeven, geven we in feite onze geest over. Alleen de gebeden die uit een hart komen dat deze houding van overgave ontwikkeld heeft, zullen vrucht dragen. God heeft onze rijkdom of ons aanzien niet nodig. De zon heeft het licht van een kaars niet nodig. Wij zijn degenen die van onze overgave profiteren. Door onze overgave worden we geschikt voor Gods genade. We kunnen dan voor altijd gelukzaligheid genieten. Ons werelds leven zal zeker vroeg of laat ophouden. Maar als we God zijn rechtmatige plaats geven, bezitten we eeuwigdurende vreugde.

Kleine dingen kunnen ons van ons mentale beheersing beroven. Als gevolg daarvan verliezen we onze concentratie op het werk en kunnen we onze familie en vrienden geen liefde tonen. Geleidelijk ontwikkelen we verbittering en haat tegenover alles in het leven. We kunnen niet meer slapen door ons gebrek aan innerlijke vrede. We bereiken een stadium waarin we niet zonder de hulp van pillen kunnen slapen. Er zijn hiervan zoveel voorbeelden om ons heen. Met echt vertrouwen in God, meditatie, het herhalen van een mantra en gebed kunnen we voldoende kracht krijgen om iedere situatie zonder wankelen tegemoet te treden. We kunnen dan alles met volle aandacht doen, of de omstandigheden nu gunstig zijn of niet. Dus, mijn kinderen, herhaal je mantra en handel onbaatzuchtig zonder tijd te verliezen. Dit zijn de dingen die ons naar vrede en harmonie leiden.

Zie alleen het goede in alles

Mijn kinderen, als jullie werkelijk van God houden, moeten jullie ophouden met aanmerkingen maken. God wil nooit in een geest verblijven die overal fouten ziet. Probeer niemand te bekritiseren. Vergeet niet dat wij alleen fouten in anderen zien omdat er fouten in ons zitten.

Er was eens een koning die al zijn onderdanen vroeg om een beeldhouwwerk te maken en het naar hem te brengen. Op de afgesproken dag kwamen er veel mensen met hun beelden naar zijn paleis. De koning vroeg zijn minister om ieder beeld te beoordelen en een prijs toe te kennen in overeenstemming met de waarde ervan. Maar de minister had over geen enkel beeld iets positiefs te zeggen. Volgens hem had elk beeld een of meerdere gebreken. Hij zei tegen de koning: "Niet een van uw onderdanen heeft een prijzenswaardig kunstwerk gemaakt." De woorden van de minister vielen bij de koning niet in goede aarde. Hij antwoordde ernstig: "Al deze mensen hebben iets in overeenstemming met hun bekwaamheid en kennis gemaakt. Het is waar dat niemand van hen een meesterstuk heeft gecreëerd en we moeten dit voor ogen houden wanneer we hun werk beoordelen. Niets in deze wereld kan volmaakt of volledig genoemd worden; alles heeft altijd een of ander gebrek. Maar dat u geen enkel beeld kon vinden met een bepaalde eigenschap die een kleine onderscheiding verdiende, zegt me dat u niet geschikt bent om minister te zijn!" De koning ontsloeg de minister. Dus degene die alleen fouten in anderen kon zien, verloor zijn baan. Mijn kinderen, er moet iets goeds in alles zitten, maar we hebben de ogen nodig om dat te zien.

Als degenen die proberen om alleen het goede in anderen te zien, slechts één keer een mantra herhalen, ontvangen ze het profijt van het tien miljoen keer herhalen van de mantra. Amma's hart smelt als ze aan zulke mensen denkt. God zal hun alles geven wat ze nodig hebben.

Word één in Liefde

Amma's verjaardagsboodschap in 1992

Mijn kinderen, de ziel kent geen geboorte of dood. Zelfs de gedachte dat we geboren worden moet sterven. Het doel van het menselijke leven is om dat te realiseren. Jullie vragen je misschien af: als dat zo is, waarom heeft Amma dan met deze viering ingestemd? Wel, omdat het Amma gelukkig maakt om jullie hier allemaal samen te zien. Het geeft Amma de gelegenheid om jullie allemaal samen te zien zitten en de goddelijke mantra herhalen. Het herhalen in een groep is erg belangrijk. Het maakt ook jullie allemaal gelukkig als jullie verlangen om deze dag te vieren vervuld wordt. Het maakt Amma blij als ze haar kinderen gelukkig ziet. Verder is het vandaag een dag van verzaking. Hier heb je niet het comfort dat je thuis hebt. Jullie werken zonder onderbreking in Amma's naam zonder eten of slaap. Jullie zijn bezig met werk dat troost en rust geeft aan de mensen die lijden. Mijn kinderen, dit is de activiteit die het Zelf (*Atman*) wakker maakt.

Het is waar dat we veel arme mensen zouden kunnen helpen met het geld dat aan deze vieringen wordt uitgegeven. Maar onder de huidige omstandigheden kunnen we niet zomaar van dit soort vieringen afkomen. We voegen koper aan zuiver goud toe om het geschikt te maken om er sieraden van te maken. Om mensen te verheffen moet men met ze meevoelen. Mijn kinderen, als er enige fout van Amma's kant is, vergeef het Amma dan alsjeblieft.

Mijn kinderen, jullie hebben zojuist allemaal *Om Amriteshwaryai Namah* gereciteerd. Mijn kinderen, die godin is de essentie van de nectar van het Onsterfelijke Zelf (*atmamrita*), die in de lotus met duizend bloemblaadjes in de kruin van jullie hoofd verblijft. Dat moeten jullie bereiken, en niet dit lichaam van anderhalve meter. Ontdek je eigen innerlijke kracht. Ontdek de gelukzaligheid in jezelf. Dit is de echte betekenis van de recitatie.

Bid om devotie

Mijn kinderen, als jullie eenmaal liefde voor God ontwikkelen, zullen jullie aan niets anders meer kunnen denken. Sommige mensen klagen en zeggen: "Al zoveel jaren ga ik naar de tempel om puja te doen en een beroep op God te doen. En toch ben ik helemaal nooit vrij van verdriet geweest." Alles wat Amma tegen deze mensen zal zeggen is dat ze helemaal geen beroep op God gedaan hebben, omdat hun geest vol met andere dingen was. Zij die van God houden, kennen geen verdriet. Er is alleen gelukzaligheid in het leven van hen die volledig ondergedompeld zijn in hun liefde voor God. Waar halen zulke mensen de tijd vandaan om aan hun leed of andere problemen te denken? Overal en in alles zien ze alleen hun geliefde godheid. Als we tot God bidden, moet het alleen zijn om van God te houden en niet om materiële dingen te verkrijgen. Wanneer Amma aan liefde voor God denkt, schiet haar het verhaal van Vidura's vrouw te binnen. Zowel Vidura als zijn vrouw waren vurig toegewijd aan Heer Krishna. Op een keer nodigde Vidura Heer Krishna in zijn huis uit. Hij en zijn vrouw wachtten vol verlangen op de dag waarop de Heer zou komen. Ze dachten alleen maar aan Krishna. Ze dachten erover hoe ze hem moesten ontvangen, wat ze hem moesten aanbieden, wat ze tegen hem zouden zeggen enzovoort. Eindelijk kwam de dag. Ze deden alle voorbereidingen voor het bezoek van de Heer. De tijd van Krishna's komst kwam dichterbij. Vidura's vrouw ging een bad nemen voordat de Heer zou komen. Toen ze haar bad aan het nemen was, kwam de Heer, vroeger dan verwacht. Een dienstmeid kwam haar de komst van de Heer vertellen. Vidura's vrouw liep naar buiten, riep: "Krishna! Krishna!" en ging naar de Heer. Ze was vergeten dat ze zojuist haar bad genomen had. Ze bracht de Heer fruit en zette een stoel voor hem klaar. Terwijl ze dit deed, reciteerde ze onophoudelijk: "Krishna! Krishna!" In haar staat van devotie was ze zich van niets anders bewust. Uiteindelijk zat zij op de stoel die voor de Heer bedoeld was, terwijl hij op de vloer zat.

Ze was zich van dit alles niet bewust. Ze pelde een banaan, gooide de vrucht weg en bood de schil vol liefde aan de Heer aan. Hij zat daar glimlachend en verorberde de schil. Op dat moment kwam Vidura de kamer binnen. Hij stond perplex over het tafereel. Zijn vrouw zat spiernaakt en kletsnat op Krishna's stoel, terwijl de Heer op de grond moest zitten!

Hij kon zijn ogen niet geloven. Ze wierp de banaan weg en gaf Krishna de schil te eten. En Krishna genoot van dit alles alsof er niets vreemds aan de hand was.

Vidura was woedend. "O jij, slecht mens, wat doe je in Godsnaam!" schreeuwde hij tegen zijn vrouw. Pas toen kwam zij weer bij haar zinnen en werd zich bewust van wat ze gedaan had. Ze rende de kamer uit en na een poosje kwam ze terug gekleed in pas gewassen kleren. Zij en Vidura lieten de Heer op zijn stoel zitten en ze aanbaden zijn heilige voeten zoals ze gepland hadden. Ze boden hem de talloze lekkernijen aan die ze klaargemaakt hadden. Ze koos een prachtige banaan uit, pelde die zorgvuldig en bood die hem aan. Toen het allemaal voorbij was, zei Krishna: "Hoewel jullie al deze rituelen precies volgens de traditie uitgevoerd hebben, konden ze het onthaal dat ik kreeg toen ik hier net aankwam, niet evenaren. Wat jullie me later gaven, kon niet op tegen de smaak van de bananenschil die ik eerst kreeg." De reden was dat Vidura's vrouw zichzelf volledig in haar devotie vergeten was, toen ze hem de bananenschil aanbood.

Mijn kinderen, dit is de soort devotie die nodig is. We moeten onszelf in de aanwezigheid van God vergeten. Dan is er geen dualiteit meer, geen 'jij' of 'ik'. En dan zijn rituelen niet nodig. Alle rituelen zijn bedoeld om van ons gevoel van dualiteit af te komen. We moeten dus dit soort liefde tegenover God hebben. Er mag in ons hart geen ruimte zijn voor iets anders dan God. Een rivier wordt door twee oevers begrensd, maar de rivierbedding is een en dezelfde. Zo ook is het de liefde die ons naar het verenigende principe van het Zelf voert, hoewel we spreken over God en de toegewijde, of over de meester en de leerling. Dus mijn kinderen, jullie gebed tot God moet zijn: "Laat mij van U houden en laat me al het andere vergeten." Dit is de blijvende rijkdom van het leven, de bron van gelukzaligheid. Als we zulke devotie ontwikkelen, zijn we in het leven geslaagd.

Compassie – de eerste stap naar spiritualiteit

Mijn kinderen, als Amma over de noodzaak van devotie voor God praat, bedoelt ze niet alleen gebed. Liefde voor God betekent niet alleen ergens om God zitten huilen. We moeten Gods aanwezigheid in ieder levend wezen kunnen zien. Onze glimlach en onze liefdevolle vriendelijkheid tegenover anderen tonen ook onze liefde en devotie voor God. Als we ons hart in devotie voor God openen, gebeuren deze dingen spontaan. Dan zullen we op niemand kwaad zijn of liefdeloos zijn.

Een arme man werd ziek en kon niet meer werken. Hij had een paar dagen niets te eten en werd erg zwak. Hij benaderde verscheidene mensen en bedelde om wat eten, maar niemand besteedde aandacht aan hem. Hij klopte op veel deuren, maar iedereen joeg hem weg. De arme man werd helemaal wanhopig. Hij voelde dat hij niet meer wilde leven in een wereld waar de mensen zo wreed waren. Hij besloot een einde aan zijn leven te maken. Maar hij had veel honger. Hij dacht: "Als ik mijn honger kon stillen, zou ik in vrede sterven." Hij besloot om nog één keer om voedsel te vragen. Hij ging naar een hut waar een vrouw woonde. Tot zijn verbazing vroeg zij hem vriendelijk om te gaan zitten en ze ging de hut in om wat voedsel voor hem te halen. Maar in de hut ontdekte ze dat de pot met voedsel ondersteboven lag. De kat had hem omgegooid en het voedsel gegeten. Ze ging weer naar buiten en zei diep bedroefd tegen de man: "Het spijt me heel erg. Ik had wat rijst en groenten in huis, die ik u hoopte te geven, maar de kat heeft het opgegeten. Er is niets over. Ik kan u ook geen geld geven, want dat heb ik niet. Vergeef me het alstublieft dat ik u zo teleurstel." De man antwoordde: "U hebt me gegeven wat ik nodig had. Ik was ziek. Ik heb veel mensen om voedsel gebedeld, maar iedereen joeg me weg. Niet een van hen zei een vriendelijk woord tegen me. Ik vond dat ik in zo'n wereld niet kon leven en had besloten om zelfmoord te plegen. Maar ik kon de honger niet verdragen. Daarom besloot ik nog één plaats te proberen. Daarom kwam ik hier. Hoewel ik geen eten gekregen heb, hebben uw liefdevolle woorden mij gelukkig gemaakt. Vriendelijke mensen zoals u in deze wereld geven arme mensen zoals ik de moed om te leven. Dankzij u zal ik geen zelfmoord plegen. Vandaag ben ik voor het eerst gelukkig en tevreden zover ik me kan herinneren."

Mijn kinderen, zelfs als we niet iets tastbaar kunnen geven, kunnen we anderen toch zeker een glimlach of een vriendelijk woord geven. Dat kost ons niet veel, nietwaar? Een vriendelijk hart is genoeg. Dat is de eerste stap op het spirituele pad. Iemand die dit doet, hoeft nergens heen te gaan om God te zoeken. God rent naar het hart dat vol mededogen is. Dat is Gods favoriete woonplaats. Mijn kinderen, iemand die geen compassie heeft voor zijn medemensen, kan men geen toegewijde noemen.

Mijn kinderen, jullie zijn vandaag allemaal hier gekomen. Toen jullie hier het afgelopen jaar waren, hebben jullie een gelofte afgelegd. De meesten van jullie hebben zich aan de gelofte gehouden. Velen van jullie zijn opgehouden met drinken en roken en hebben luxe artikelen opgegeven. Als jullie van Amma houden en als jullie compassie voor de wereld voelen, moeten jullie dit jaar ook een dergelijke gelofte doen om slechte gewoonten op te geven. Denk er eens aan hoeveel geld we verspillen aan alcohol, sigaretten, dure kleren en luxe artikelen. Mijn kinderen, jullie moeten je uiterste best doen om de aankoop van zulke dingen te verminderen. Het geld dat jullie op deze manier besparen kan gebruikt worden om de armen te helpen. Sommige zeer intelligente kinderen moeten hun onderwijs afbreken, omdat ze het schoolgeld niet kunnen betalen. Jullie kunnen hen helpen door hun schoolgeld te betalen. Jullie kunnen de daklozen helpen. En er zijn zoveel zieke mensen die lijden omdat ze zich de medicijnen die ze nodig hebben, niet kunnen permitteren. Jullie kunnen medicijnen voor hen kopen. Er zijn veel manieren waarop we anderen kunnen helpen. Het geld dat we nu verspillen zou genoeg zijn om anderen te helpen. Mensen in nood dienen is echte aanbidding van God. Dit is de soort *pada puja*[9] dat Amma gelukkig en tevreden maakt. Laten we tot de Almachtige bidden dat hij ons hart meedogend maakt.

$$\sim\!\!-\!\!\infty\!\!-\!\!\sim$$

---

[9] De aanbidding van de voeten van God, de Guru of een heilige.

Moeder Natuur beschermt diegenen die Haar beschermen

Amma's verjaardagsboodschap in 1993

De toegewijden die in Amritapuri vanuit alle delen van de wereld samengekomen waren om Amma's veertigste verjaardag te vieren, wilden zich gezegend voelen door op die gunstige dag een pada puja voor haar te doen. In de sombere sfeer ontstaan door een aardbeving die net in het midden westen van India had plaatsgevonden, was Amma zeer onwillig om in te stemmen met een pada puja of andere vieringen. Ze gaf uiteindelijk toe aan de oprechte gebeden van haar kinderen. Om acht uur 's morgens beklom Amma het podium aan de zuidkant van de ruime pandal (traditioneel tentachtig bouwsel) die op het ashramterrein gebouwd was. Na een zeer mooie, intens devotionele pada puja wilde Amma de menigte toegewijden troosten die geen comfortabele zitplaats in de pandal gevonden had. Ze zei: "Mijn kinderen, probeer overal te zitten waar jullie ruimte kunnen vinden. Amma weet dat niet ieder van jullie een geschikte plaats heeft kunnen vinden. Voel je daarover alsjeblieft niet ongelukkig, mijn kinderen! Amma's geest is ook dicht bij die kinderen die ver weg staan. Het motregent een beetje; daarom zullen we spoedig naar de hal gaan." Amma begon toen haar verjaardagsboodschap.

Mijn kinderen, dat Amma vandaag deze *puja* geaccepteerd heeft is de grootse fout in Amma's leven. Amma heeft honderd keer gezegd dat een *puja* niet nodig was. In plaats daarvan moet zij jullie dienen, omdat daarin Amma's geluk ligt. Ze zit hier alleen om jullie gelukkig te maken. Tijdens de Amerikaanse tournee (twee maanden eerder) zei Amma dat er dit jaar op haar verjaardag helemaal geen vieringen nodig waren.

Er was droefheid in Amma's hart. Denk aan de situatie vandaag! Rottende lijken en duizenden treurende overlevenden. Het is niet mogelijk om de overlevenden te beschermen of de doden te cremeren. Er zijn niet voldoende mensen om te helpen. Amma wil snel naar die plaats gaan. Ze heeft enkele van haar kinderen al gevraagd om daarheen te gaan. Denk aan alle mensen daar, die lijden door het verlies van hun geliefden en hun bezittingen! Deze situatie is niet specifiek voor India. Het gebeurt overal op de een of andere manier. Amma denkt niet aan degenen die gestorven zijn. Zij zijn weg. Maar er zijn duizenden mensen die lijden en pijn hebben. Amma maakt zich zorgen over hen. Zij zijn degenen die wij moeten redden. Voor hun veiligheid moeten wij instaan. Mijn kinderen, jullie moeten je in deze richting inspannen.

Bescherm de Natuur

Waarom bezorgt de aarde ons al deze pijn? Denk erover na, mijn kinderen. Denk eraan hoeveel opofferingen Moeder Natuur zich getroost en de grote opofferingen die de rivieren, bomen en dieren zich voor ons getroosten! Kijk eens naar een boom. Hij geeft ons fruit, schaduw en koelte; hij geeft zelfs schaduw aan iemand die hem omhakt. Dit is de houding van de bomen. Op dezelfde manier kunnen we alles in de natuur onderzoeken en observeren dat het zich een geweldige opoffering voor de mensheid getroost. Maar wat doen *wij* voor de natuur? Men zegt dat we altijd een jong boompje moeten planten als we een boom omhakken. Maar hoeveel mensen volgen dat advies op? En zelfs als ze het doen, hoe kan de harmonie in de natuur door een jong boompje gehandhaafd worden? Een jong boompje kan de natuur niet dezelfde kracht geven als een grote boom. Kan een klein kind het werk van een volwassene doen? Terwijl de volwassene een hele mand met aarde draagt, draagt het kind slechts een lepeltje vol. Er is een groot verschil.

Is het voldoende om slechts één milligram reinigingmiddel te gebruiken in plaats van de voorgeschreven tien om een vat water schoon te maken? Dit is vandaag de dag de stand van zaken wat natuurbehoud betreft. De Natuur verliest haar harmonie. De koele, zachte bries die ons hoort te strelen, is in een enorme tornado veranderd. De aarde, die tot vandaag onze steun geweest is, sleept ons nu de hel in.

Maar dit is niet de fout van de natuur. Wij oogsten de vruchten van onze eigen onrechtvaardigheid. Het is als de man die de kost verdient door doodkisten te verkopen en uiteindelijk in een van zijn eigen creaties terechtkomt. We graven ons eigen graf. Iedereen is nu bang. We gaan 's nachts naar bed en zijn er niet zeker van of we de volgende ochtend weer op zullen staan. Mijn kinderen, het beschermen van de natuur moet onze hoogste prioriteit zijn. Alleen dan maken we een kans om te overleven. We moeten ophouden met het vernielen van de natuur omwille van geld voor onze eigen egoïstische doeleinden. Tegelijkertijd moeten jullie allemaal proberen bomen te planten op een klein stukje land bij jullie huis.

De oude wijzen zeiden ons dat we bomen moesten aanbidden. Op die manier leerden ze ons het belang van het behouden van de natuur. Bloemen voor de aanbidding in onze tuin kweken, die bloemen plukken en ze aan God offeren, een bronzen olielamp aansteken, dit alles zuivert de atmosfeer. Thans is de lucht niet meer doordrongen van het aroma van bloemen of de geur van een pit die in een olielamp brandt. In plaats daarvan hebben we de stank van vergiftige rook van fabrieken. Als de duur van een menselijk leven lang geleden 120 jaar was, dan is die nu afgenomen tot 60 of 80 jaar. En er komen steeds nieuwe ziekten. Die ziekten worden aan 'virussen' toegeschreven, maar niemand kent hun echte oorzaak. De atmosfeer is verontreinigd, het aantal ziekten neemt toe, onze gezondheid wordt geruïneerd en onze levensduur neemt af. Zo gaan we verder. We proberen de hemel op aarde te creëren, maar in plaats daarvan verandert deze aarde in een hel. We willen zoete dingen eten, maar kunnen het niet vanwege een ziekte. 's Nachts willen we naar een dansuitvoering kijken, maar we kunnen niet wakker blijven, opnieuw vanwege een ziekte. Op deze manier kunnen mensen hun verlangens in het leven niet bevredigen. De mensheid kan de knoop die ze zelf gemaakt heeft, niet ontwarren. Bijna niemand denkt erover na hoe dit allemaal zal eindigen en hoe de situatie opgelost kan worden. Zelfs als iemand aan een oplossing denkt, wordt er niets in de praktijk gebracht.

Als we bloeiende planten kweken, de bloemen plukken en aan God offeren, wordt zowel ons hart als de natuur gezuiverd. De toegewijde reciteert een mantra als hij de plant water geeft, de bloemen plukt en de bloemenkrans maakt. Het herhalen van een mantra vermindert het aantal gedachten in onze geest en de geest wordt gezuiverd. Maar tegenwoordig wijzen de mensen dit allemaal als bijgeloof af. We stellen ons vertrouwen in vergankelijke, door de mens gemaakte dingen zoals computers en tv's. We hebben geen vertouwen meer in de woorden van de verlichte wijzen. Als de computer of de auto een probleem krijgt, zijn de mensen bereid om hard te werken tot ze het probleem opgelost hebben of te wachten totdat de reparatie klaar is. Maar wat doen we om de disharmonie in de geest te verwijderen?

Een centrum voor het trainen van de geest

Mijn kinderen, als de geest in evenwicht en in harmonie is, zal alles in harmonie en in evenwicht zijn. Als de geest zijn evenwicht verliest, zal alles in het leven uit evenwicht zijn. Ashrams zijn centra waar mensen zo opgeleid kunnen worden dat er geen disharmonie optreedt. Maar nu zijn er mensen die geneigd zijn om ashrams en het spirituele leven te belasteren en belachelijk te maken.

Onlangs kwam er een film uit waarin ashrams in het algemeen belachelijk werden gemaakt. Sommige toegewijden ergerden zich toen ze de opmerkingen hoorden van degenen die de film gezien hadden. De toegewijden klaagden over mensen die meningen uiten zonder moeite te doen om achter de waarheid te komen. Het is niet voorgekomen dat er *ganja* (hasjiesj) in een ashram in Kerala in beslag is genomen. De mensen zijn bereid om een gefingeerd verslag, een bakerpraatje dat geschreven is voor een verzonnen film, blindelings te geloven. En ze verwerpen de woorden van de *mahatma's* (grote zielen). Die mensen noemen zich trots intellectuelen. Ze stellen hun vertrouwen niet in wat ze zelf in een ashram kunnen zien, maar in de verzonnen verhalen die in een film verkondigd worden. Veel mensen zijn ashrams gaan belasteren, nadat ze die film gezien hadden, maar die intellectuelen zijn niet bereid om de echte situatie te onderzoeken.

Stel dat iemand naar een persoon toegaat en tegen hem zegt: "Ik zag je dood liggen! Ik heb ook gehoord hoe je gestorven bent!" En dit wordt dan gezegd tegen iemand die nog springlevend is. Dit is wat er deze dagen gebeurt. De mensen vertrouwen niet op wat ze zien. Wat ze in een film zien en uit verhalen horen is belangrijker voor hen. Het is een deel van het werk van een schrijver om dat wat in zijn verbeelding bestaat als echt af te schilderen. Dat is de aard van verhalen schrijven. Schrijvers verdienen op die manier geld en worden beroemd. Ze zijn bereid op wat voor manier dan ook te schrijven om dit te bereiken. Zo verdienen schrijvers en producers geld en leven in luxe. Maart spirituele mensen zijn anders. Hun leven is vol onbaatzuchtigheid.

Amma bekritiseert de kunst niet. Kunst is noodzakelijk. Iedere kunstvorm is belangrijk. Maar de kunstenaars moeten niet proberen om onze cultuur te vernielen. Kunst moet gecreëerd worden om de mensheid te verheffen. Kunst moet onze geest verruimen en mensen niet in dieren veranderen. Als er een paar kwakzalvers onder de dokters zijn, betekent dat dan dat de hele medische wetenschap verkeerd is en dat alle dokters bedriegers

43

zijn? Zulke ideeën verspreiden is de samenleving verraden. De enige kunstwerken die zowel individuen als de samenleving ten goede komen, zijn de kunstwerken die ons leren hoe we de goede kant in alles kunnen zien.

Ashrambezoekers kennen de mensen die hier wonen en dag en nacht hard werken. Ze zwoegen, maar niet om van comfort te genieten of iets aan hun kinderen of gezin te geven. Ze werken hard voor de wereld. Je kunt ze zelfs om middernacht zand zien dragen om het met water doortrokken land op te vullen, zodat ze een slaapplaats voor de bezoekers kunnen bouwen. Alleen door hun harde werk, waarbij ze vaak van eten en slaap afzien, heeft God het ons mogelijk gemaakt om in korte tijd zoveel diensten te verlenen. Ook de mensen met een gezin dienen zoveel mogelijk onbaatzuchtig. En we gaan hier zelfs nu mee door. Spirituele mensen in allerlei ashrams hebben hun leven gewijd aan het dienen van de wereld. Ze doen niets voor een eigen egoïstisch doel. Als jonge mensen nu over ashrams horen, denken ze aan de ashram van Rajneesh.[10] Maar zijn ashram was voor de westerse samenleving. Hij begeleidde mensen die het slachtoffer waren van drugs en alcohol. Hij daalde tot hun niveau af.

Als je sinaasappels eet, geniet je van de zevende sinaasappel niet zoveel als van de eerste. Je ontwikkelt een afkeer als je hetzelfde ding blijft ervaren. Op deze manier kom je te weten dat echt geluk niet in voorwerpen gevonden kan worden. Dan begin je naar de bron van echt geluk te zoeken.

Een hond kauwt op een bot. Als er bloed sijpelt, denkt de hond dat het uit het bot komt. Ten slotte stort de hond in door al het bloedverlies. Pas dan beseft hij dat het bloed niet van het bot

---

[10] Shree Rajneesh (1931-1990), die ook Osho genoemd werd, werd geboren in Madhya Pradesh, India. Hij had een ashram in Oregon, VS, in de jaren tachtig. Zijn onderwijs werd als controversieel beschouwd.

komt, maar van zijn eigen verwonde tandvlees. Zo is de ervaring bij het zoeken van geluk in uiterlijke dingen. Rajneesh zegt dit ook. Maar zijn methode van onderwijs verschilt erg van die van de oude wijzen. Zijn filosofie is niet voor de mensen in India. We zijn het ook niet met zijn filosofie eens. Maar er moet gezegd worden dat hij alles openlijk deed. Hij verborg niets. Maar het is moeilijk om onthechting te ontwikkelen door aan iets helemaal toe te geven. Amma zegt niet dat het onmogelijk is, maar de onthechting die we door genieten verkrijgen, is tijdelijk. We moeten dus bewust een houding van onthechting van wereldse dingen ontwikkelen. We houden misschien van *payasam* (zoete rijstpudding). Als we er veel van eten, zijn we verzadigd. Maar nog later willen we twee keer zoveel. We kunnen ons dus nooit blijvend van zintuiglijk genot afwenden door te proberen het permanent te bevredigen. Alleen door bewust een houding van onthechting aan te nemen kunnen we van wereldse dingen afstand nemen. Dit is Amma's manier. Tegenwoordig zijn er echter veel mensen die dit pad, dat door onze oude wijzen aanbevolen werd, niet volgen. In plaats daarvan volgen ze de weg die Rajneesh aanbeval. En dan worden alle ashrams op basis daarvan beoordeeld. Degenen die kritiek leveren, hebben geen oog voor het harde werk en de verzaking van de mensen in Amma's ashram. Zelfs in het Westen zijn Amma's westerse kinderen aan het werk. Ze koken hun eigen voedsel omdat het veel geld zou kosten om buitenshuis te eten. Ze werken hard, besparen geld en geven het hier uit aan projecten om onbaatzuchtig te helpen. We moeten dus de feitelijke waarheid achterhalen in plaats van meningen verkondigen die we gevormd hebben door naar films te kijken en tijdschriften te lezen.

In de wereld van vandaag zijn drie groepen mensen. De eerste groep bestaat uit de armste mensen die niets hebben. Amma kent veel zulke mensen die hier komen. Ze hebben zelfs niet één fatsoenlijk kledingstuk. Daarom komen ze in geleende kleren hier. Talloze mensen worstelen omdat ze het zich niet kunnen permitteren om hun dak te bedekken, een behandeling te krijgen wanneer ze ziek zijn of een opleiding te betalen. Ze weten zelf niet hoe ze het iedere dag klaarspelen om te overleven. Dan is er de tweede groep mensen. Ze hebben een beetje geld, wat min of meer genoeg is om in hun behoeften te voorzien. Ze voelen compassie voor degenen die worstelen, maar ze kunnen er niets aan doen. De derde groep verschilt van de eerste twee. Ze bezitten honderd keer meer dan ze nodig hebben. Ze zijn intelligent, leiden een zaak en verdienen een fortuin, maar ze besteden hun geld alleen aan het vergroten van hun eigen comfort en geluk. Ze geven niets om de mensen die lijden. Over hen kunnen we zeggen dat ze werkelijk de allerarmsten zijn. De hel is voor hen bestemd, omdat zij de oorzaak van het lijden van de armen zijn. Deze mensen hebben de rijkdom van de armen afgenomen en houden die voor zichzelf. Mijn kinderen, denk eraan dat onze plicht tegenover God is om compassie met de armen te hebben. Devotie is niet alleen rondom een beeld lopen en "Krishna, Mukunda, Murare"[11] reciteren! Echte devotie is hen helpen die worstelen. Veel mensen duwen of slaan de hand weg die een bedelaar uitsteekt, alsof die hand een vlieg was. Zij die geen compassie hebben met de armen en met mensen in nood, zullen geen profijt hebben van het reciteren van een mantra of van mediteren. Zij krijgen geen toegang tot de hemel, ook al offeren zo nog zoveel in tempels. En er zal voor hen in dit leven geen vrede zijn.

Verdriet is onze eigen creatie

Mijn kinderen, sommige mensen vragen: "Is God bevooroordeeld? Sommige mensen zijn gezond, terwijl anderen ziek zijn. Sommige

---

[11] Namen van Krishna.

mensen zijn rijk, terwijl anderen arm zijn. Waarom is dit zo?"
Mijn kinderen, het is niet Gods fout; het is de onze.

We weten wat de grootte van een tomaat vroeger was. Nu
zijn tomaten vaak meer dan twee keer zo groot door de bijdrage
van wetenschappers. Amma verwerpt de voordelen van de wetenschap niet, maar wanneer tomaten zo groot worden, neemt hun
kwaliteit af. Huisvrouwen weten dat het toevoegen van bakpoeder
aan het beslag van *iddli's*[12] de *iddli's* groter maakt, maar ze hebben
niet de kwaliteit en smaak van normale *iddli's*. Gifstoffen komen
ons lichaam binnen door het gebruik van kunstmest en andere
chemicaliën bij het kweken van tomaten. Onze cellen worden
vernield. De kinderen die geboren worden bij ouders die zulk
voedsel eten, zijn vanaf de geboorte ongezond. Zo lijden we aan
de gevolgen van onze eigen daden. Het heeft geen zin om God de
schuld te geven. Als onze daden zuiver zijn, zullen de resultaten
zuiver zijn. Wat we nu ervaren is het resultaat van onze daden in
onze vorige levens.

Een man gaf eens aan twee van zijn vrienden ieder een stenen
plaat. De ene vriend was een zeer gezonde man en de ander was
mager en zwak. Na een paar dagen vroeg de man zijn vrienden
om de stenen te breken. Ze begonnen met een hamer op de stenen
te slaan. De gezonde man sloeg tien keer op zijn steen, maar die
vertoonde zelfs geen scheurtje. De zwakke man sloeg slechts twee
keer op zijn steen en hij brak in stukken. De gezonde man zei:
"Je hebt maar twee keer op de steen geslagen en toen brak hij al.
Hoe speelde je dat klaar?" De andere man antwoordde: "Ik had
tevoren al heel vaak op de steen geslagen."

Evenzo, als het leven op dit moment voor sommigen een
strijd is en voor anderen gemakkelijk, is dat het resultaat van hun
handelingen in het verleden. Ons succes vandaag is de vrucht van
de goede daden die we gisteren verricht hebben. Als dit succes

---

[12] Zuid Indiase gestoomde rijstkoekjes.

in de toekomst door wil gaan, moeten we vandaag goede daden verrichten, anders zullen we morgen lijden ervaren. Als we nu mededogen hebben met de mensen die worstelen, kunnen we het lijden van morgen vermijden. Door mensen die in een sloot gevallen zijn, te helpen eruit te klimmen, kunnen we morgen onze eigen val vermijden.

Mijn kinderen, het is moeilijk om met het verstand of het intellect te begrijpen wat *prarabdha*[13] is. We kunnen dit alleen door ervaring leren. Soms doen zich bepaalde crisismomenten in ons leven voor waarin veel hindernissen zoals ongeneeslijke ziekten, ongelukken, een voortijdige dood, ruzies, verlies van bezittingen, enz. zich voordoen. Het heeft geen zin om in zulke tijden je *prarabdha* de schuld te geven. We kunnen die moeilijkheden door eigen inspanning en met een houding van overgave te boven komen. Door meditatie en herhaling van de mantra kunnen we ons *prarabdha* zeker veranderen, voor minstens 90%, maar niet voor 100%, omdat dat de natuurwet is. Het beïnvloedt zelfs de *mahatma*'s. Maar er is een verschil omdat niets zulke grote zielen echt beïnvloedt, omdat ze innerlijk onthecht zijn. Het lijden dat uit ons eigen *prarabdha* voortkomt is, in zekere zin, een goddelijke zegen, omdat het ons helpt ons God te herinneren. Bij zulke gelegenheden beginnen zelfs degenen die niet één maal tot God gebeden hebben, om God te roepen. We zien dat ze het pad van *dharma* opgaan. Door het spirituele pad in te slaan ervaren ze veel verlichting van de ellende van hun *prarabdha*.

De meeste mensen schrikken als ze over spiritualiteit horen. Spiritualiteit betekent niet dat je geen rijkdom mag verwerven of dat je het gezinsleven op moet geven. Je kunt rijk worden en een gezinsleven leiden, maar je leven moet gebaseerd zijn op begrip van de spirituele principes. Een gezinsleven en het verwerven van

---

[13] Het resultaat van voorbije handelingen in dit en vroegere levens, die zich in dit leven zullen manifesteren.

rijkdom zonder bewustzijn van de spirituele principes is als het verzamelen van kammen voor een kaal hoofd. Onze bezittingen en ons gezin zullen niet voor altijd bij ons blijven We moeten ze daarom slechts die plaats toewijzen die ze in het leven verdienen. Het is niet zo dat we alles moeten opgeven. De spirituele principes kunnen ons leren hoe we wijs en gelukkig in deze materiële wereld kunnen leven. Iemand die de zee ingaat en niet kan zwemmen, kan door de golven meegesleurd worden. Het kan gevaarlijk zijn. Maar zij die wel kunnen zwemmen, genieten van het zwemmen in de golven. Voor hen is zwemmen een blij spel. Op dezelfde manier kunnen we door spiritualiteit te begrijpen de wereld met meer vreugde omarmen. Spiritualiteit is niet eenvoudig de manier om naar de hemel te gaan, noch is het een verzameling bijgeloof. De hemel en de hel zijn in deze wereld. Als we naar deze wereld kijken als het spel van een kind, kunnen we ons verheffen tot het niveau van spirituele ervaring. Spiritualiteit leert ons hoe we de moed en kracht moeten verkrijgen om gelukzaligheid in dit leven te genieten. Dit pad moedigt ons niet aan om lijdzaam toe te kijken zonder iets te doen. Als iemand die gewoonlijk acht uur per dag werkt er tien van maakt en het extra inkomen opspaart om de lijdende mensen te helpen, dat is echte spiritualiteit, dat is echte aanbidding van God.

Het reciteren van de Duizend Namen

Sommige kinderen van Amma zijn naar Amma gekomen om hun onbehagen uit te drukken. Iemand heeft hun verteld dat degenen die de *Lalita Sahasranama* (de Duizend Namen van de Goddelijke Moeder) reciteren en de Goddelijke Moeder aanbidden, dieven zijn. Misschien heeft die persoon deze opmerking gemaakt nadat hij gezien had dat anderen in de naam van gebed buitensporig veel uitgaven aan praal en luxe. Of misschien heeft hij gedacht dat het reciteren van de Duizend Namen gedaan wordt om een godheid die ergens hoog in de hemel zit, te behagen. Maar we reciteren de Duizend Namen om de goddelijke essentie in onszelf wakker te maken, niet om een godheid in de hoogte gunstig te stemmen. God, die in alles, overal aanwezig is, verblijft ook in ons hart. De *Sahasranama* is een manier om ons wakker te maken voor dat goddelijk niveau van bewustzijn.

Iedere mantra van de *Lalita Sahasranama* heeft diepe betekenissen Neem de eerste mantra: *Sri Matre Namah* – "Wij buigen voor de Moeder." De Moeder is de verpersoonlijking van geduld en vergeving. Als we deze mantra reciteren, wordt die *bhava* (goddelijke stemming, houding of staat) in ons wakker gemaakt. Ons wordt gevraagd die mantra te reciteren om de eigenschap van geduld in ons te versterken. Alle Duizend Namen zijn even belangrijk als de mantra's in de *Upanishaden*. Als we namen reciteren, worden we onbewust opgetild naar een ruimer bewustzijn. De *Sahasranama* is bedoeld om ons te verheffen van de mentaliteit (*samskara*) van een huisvlieg tot die van God. Dat is echte *satsang*.[14]

Er waren twee jongens in een gezin. De vader nam één jongen altijd mee, waar hij ook heen ging. Als de vader met zijn vrienden kaartspeelde, zat deze jongen naast hem. Hij zag dat zijn vader alcohol dronk. De moeder hield de andere jongen bij zich. Ze vertelde hem inspirerende verhalen en nam hem mee naar de tempel. Uiteindelijk ontwikkelde de jongen die bij zijn vader opgroeide, een slecht karakter. Hij had alle slechte karaktertrekken die je maar kunt bedenken. De jongen die bij zijn moeder opgroeide, praatte daarentegen alleen over God en zong alleen goddelijke liederen. Liefde, compassie, en echte nederigheid ontwikkelden zich in die jongen. Zoals dit voorbeeld laat zien, heeft onze omgeving een sterke invloed op onze *samskara*.[15]

---

[14] In het gezelschap van heilige, wijze en deugdzame mensen zijn. Ook: een spirituele lezing door een wijze of geleerde.
[15] Samskara heeft twee betekenissen: 1. het geheel van indrukken die in de geest zijn ingeprent door ervaringen in dit of vorige levens. Ze beïnvloeden het leven van een mens, zijn natuur, handelingen, mentale toestand, enz. 2.

We maken de goddelijke *samskara* in ons wakker door de *Sahasranama* te reciteren en door aanbidding in een tempel. Als we mediteren en met concentratie een mantra herhalen, maakt dat de goddelijke kracht in ons wakker. Het is ook goed voor de atmosfeer. Als iemands wil doelgericht is, is alles mogelijk. Maar tegenwoordig geloven de mensen niet in zulke dingen. Een tijdje geleden, toen het ruimtevaartuig Skylab op het punt stond op aarde terug te vallen, verzochten de wetenschappers iedereen om te bidden dat het in de oceaan zou vallen en niet op een bewoond gebied. Ze erkenden dat doelgericht gebed grote kracht heeft. Toen de wetenschappers dit zeiden, geloofde iedereen het. De grote wijzen onthulden de kracht van de geest en de kracht van mantra's reeds lang geleden, maar het is moeilijk voor ons om dit te accepteren. We zien dat wetenschappers hun eigen beweringen corrigeren, maar zodra ze een uitspraak doen, zijn we bereid die te accepteren.

Als we een mantra herhalen, proberen we het goddelijke in ons wakker te maken. Als we bonen laten kiemen, nemen hun voedingswaarde en vitaminegehalte toe. Het herhalen van een mantra is ook zo'n proces dat onze verborgen spirituele kracht wakker maakt. Bovendien zuiveren de vibraties van de recitatie de atmosfeer. Als we onze ogen sluiten, kunnen we zien waar onze gedachten naar uitgaan. Zelfs nu we hier zitten, gaat de geest uit naar alle dingen die gedaan moeten worden als we thuis komen. "Welke bus moet ik nemen? Zal die erg vol zijn? Zal ik morgen naar mijn werk kunnen gaan? Zal ik het geld dat ik aan die en die heb uitgeleend, terugkrijgen?" Honderd van zulke gedachten dwarrelen door onze geest. Een geest die in honderd gedachten verwikkeld is, kan je niet in een ogenblik op God richten. Er is constant inspanning voor nodig. Het herhalen van een mantra

---

Het opwekken van het juiste begrip (kennis) in iemand, wat tot de verfijning van zijn karakter leidt.

is een gemakkelijke manier om dit te bereiken. Als je probeert een kind te pakken, zal hij wegrennen. Als we het kind achternarennen, zou hij in een vijver of put kunnen vallen. Maar als we speelgoed omhooghouden en hem roepen, zal hij naar ons toekomen. Op deze manier kunnen we vermijden dat het kind onder het rennen valt. Op dezelfde manier is het herhalen van een mantra een manier om de geest te laten doen wat we hem opdragen, waarbij we van zijn eigen aard gebruik maken. Als er honderd gedachten in de geest opkomen, kunnen we die tot tien terugbrengen door een mantra te herhalen. Je kunt je afvragen of er geen gedachten in je geest zijn, terwijl je de mantra herhaalt. Zelfs als die er zijn, zijn ze niet zo belangrijk. Gedachten zijn als een baby: als de baby slaapt, kan de moeder gemakkelijk het huishouden doen, maar als de baby wakker wordt en begint te huilen, is het moeilijk voor haar om haar werk te doen. Op dezelfde manier zijn de gedachten die opkomen wanneer we de mantra herhalen, geen groot probleem. Ze zullen ons niet hinderen.

Sommigen vragen zich misschien af of een mantra geen gedachte is. Maar is het niet zo dat de paar woorden op een poster: "Verboden aan te plakken" een muur vol reclame voorkomen? Op dezelfde manier kunnen we door die ene gedachte die door de mantra vertegenwoordigd wordt, voorkomen dat de geest ronddwaalt. Het aantal gedachten verminderen is ook goed voor onze gezondheid en verlengt ons leven.

De garantieperiode van een artikel begint pas op het moment dat we het kopen, ongeacht hoe lang het in de winkel heeft gelegen, omdat het daar niet gebruikt werd. Op dezelfde manier wordt een geest zonder gedachten niet zwakker; hij wordt alleen maar sterker. De eigenaar van zo'n geest wordt gezonder en leeft langer. Wanneer het aantal gedachten daarentegen toeneemt, wordt de geest zwakker en gaat de gezondheid van de persoon ook achteruit.

We kennen de verhalen uit oude tijden over mensen die boete deden door op één been of zelfs op een spijker te staan om de geest onbeweeglijk te houden. Het is niet nodig dat wij zoiets doen. Gewoon het herhalen van een mantra is genoeg. Die mensen realiseerden God pas nadat ze alle geschriften geleerd hadden en eeuwen besteed hadden aan het verrichten van ascese. Maar de *gopi's*[16] leerden nooit de geschriften. Zij waren huisvrouwen en zakenvrouwen. Toch was hun liefde voor de Heer zo sterk, dat ze God gemakkelijk realiseerden. Vooral in dit *Kali Yuga*[17] (donker tijdperk) is het herhalen van een mantra de belangrijkste methode.

Maar een mantra herhalen en spirituele oefeningen doen is niet genoeg. We kunnen God alleen bereiken als we onze geest volledig aan Hem overgeven. Maar de geest is niet iets wat we als zodanig kunnen overgeven. We kunnen de geest alleen overgeven door dat over te geven waar de geest het meest aan gehecht is. Vandaag de dag is de geest gewoonlijk het sterkst aan rijkdom gehecht. Nadat mensen getrouwd zijn, zijn ze vaak meer bezorgd om hun eigendom dan om hun vrouw en kinderen. Zelfs als de bejaarde moeder op haar sterfbed ligt, doet haar zoon alle moeite om ervoor te zorgen dat het deel van het familiebezit dat hij zal erven, meer kokospalmen bevat dan dat van zijn broers en zussen. Als hij een beetje minder krijgt, zal hij niet aarzelen zijn ouders dood te steken. Waaraan zijn we dus het meest gehecht? Aan rijkdom! Omdat de geest aan rijkdom gehecht is, is je rijkdom overgeven hetzelfde als de geest overgeven. God heeft onze rijkdom niet nodig, maar door onze overgave verruimt onze geest zich en komen we voor Gods genade in aanmerking.

---

[16] Koeienherderinnen en melkmeisjes die in Vrindavan woonden. Ze waren de beste toegewijden van Krishna en waren bekend om hun zeer grote devotie voor de Heer.

[17] Er zijn vier yuga's (tijdperken). De wereld bevindt zich nu in de Kali Yuga.

Dienstbaarheid en spiritueel leven

Veel mensen vragen: "Waarom hecht Amma zoveel belang aan dienstbaarheid? Zijn *tapas* (ascese) en spirituele oefeningen niet belangrijker?" Mijn kinderen, Amma zegt nooit dat *tapas* en spirituele oefeningen niet nodig zijn. Een bepaalde vorm van *tapas* is noodzakelijk. Als een gewoon iemand als een elektriciteitspaal is, is iemand die *tapas* doet als een grote transformator die voor veel meer mensen van nut kan zijn. De kracht om dit te doen kunnen we krijgen door versobering toe te passen. Maar dit is niet iets waarmee je kunt beginnen wanneer je zestig bent en weinig gezondheid en vitaliteit hebt. *Tapas* moet je doen wanneer je gezond en vol energie bent. Het is niet nodig om van huis te vertrekken en naar de Himalaya's te gaan om *tapas* te doen. *Tapas* moet je hier doen midden in de samenleving. Maar alleen degenen die de kracht die ze door *tapas* verkrijgen, gebruiken voor het welzijn van de wereld, kunnen echt spiritueel genoemd worden. Spiritualiteit vraagt je om als een wierookstokje te zijn, dat anderen geur geeft terwijl het opbrandt.

Iemand die huis en rijkdom opgeeft en ergens in een grot *tapas* zit te doen, is als een meer in een dicht bos. Het water ervan is voor niemand van enig nut. En wie geniet er van de schoonheid en de geur van de lotusbloemen die daar bloeien

Het is waar dat de mensen lang geleden naar de Himalaya's gingen om *tapas* te doen. Maar ze gingen daar pas heen nadat ze onzelfzuchtig een gezinsleven hadden geleid. Als mensen met een gezin werden ze volwassen en werden mentaal gezuiverd. Pas dan gaven ze alle materiële rijkdom op. De atmosfeer was in die dagen bevorderlijk om *tapas* te doen. Mensen waren zich bewust van *dharma*. De leiders waren oprecht. Mensen met een gezinsleven leidden hun leven met Zelfrealisatie als doel.

Tegenwoordig zijn de mensen egoïstisch. Gezinshoofden zijn gewoon mensen met een gezin; zij zijn geen *grihasthashrami's*.[18] Ze weten niet eens wat onbaatzuchtig dienen betekent. Het is daarom belangrijk dat spirituele mensen die door *tapas* en spirituele oefeningen verrijkt zijn, een voorbeeld van onbaatzuchtig dienen zijn dat de wereld kan volgen. Alleen zulke mensen kunnen de wereld echt dienen op een oprecht onbaatzuchtige manier

Onbaatzuchtig dienen is een spirituele oefening die naar Zelfrealisatie leidt. Onbaatzuchtig dienen is echte aanbidding van God. Als we ons egoïsme loslaten, gaat de weg naar het Zelf open. Alleen wanneer onzelfzuchtige zoekers als rolmodel voor de wereld leven door onbaatzuchtig te dienen, kunnen de mensen dit principe in zich opnemen. Men moet tot het niveau van de mensen afdalen om hen te verheffen. We kunnen ons alleen in overeenstemming met de tijd ontwikkelen. Amma herinnert zich in dit verband een verhaal.

Een *sannyasi* (monnik) ging naar een dorp. De mensen daar hielden hem voor de gek. Hij kende enkele *siddhi's* (wonderbaarlijke vermogens), maar hij was niet erg vergevingsgezind. Hij werd kwaad toen de dorpelingen hem belachelijk maakten. Hij nam wat as, herhaalde enkele mantra's, en wierp de as in de waterput, met de vloek dat iedereen die het water uit de put zou drinken, gek zou worden. Er waren twee putten in het dorp, een voor de dorpelingen en de andere voor de koning en zijn minister. Alle dorpelingen werden gek toen ze het water uit hun put gedronken hadden. De koning en de minister dronken het water uit de andere put en werden niet beïnvloed. De dorpelingen begonnen te kletsen en rond te dansen en maakten veel lawaai. Ze waren verbaasd toen ze zagen dat de koning en zijn minsister zich niet

---

[18] Een grihasthashrami is iemand die een spiritueel leven leidt terwijl hij tegelijkertijd zijn taken als gezinshoofd uitvoert. Het wordt als de tweede van de vier levensstadia gezien.

gedroegen zoals zij. "Die twee zijn erg veranderd," zeiden de dorpelingen. In hun ogen waren de koning en de minister de gekken. En inderdaad, de dorpelingen verklaarden luid dat de koning en zijn minsister nu gek waren. Wat doe je als degenen die het land horen te regeren helemaal gek worden? De mensen besloten om de koning en zijn minsister in de boeien te slaan. Er ontstond veel opschudding. De koning en de minister speelden het klaar om te ontsnappen en weg te rennen. De menigte rende hen achterna. De koning en zijn minister zeiden onder het rennen tegen elkaar: "De mensen zijn idioot geworden. Als we anders dan zij lijken, zullen ze ons niet sparen. Ze zullen ons ervan beschuldigen dat we gek zijn. Als we willen overleven en hen uit hun situatie helpen, is er slechts één ding wat we kunnen doen: we moeten ons zoals zij gedragen. Want om een dief te vangen, moet je als een dief handelen." De koning en de minister begonnen de menigte na te doen en dansten en maakten veel lawaai. De mensen waardeerden dit. Ze bedankten God dat hij de koning en de minister van hun krankzinnigheid genezen had.

Mijn kinderen, spirituele mensen zijn als de koning en de minister in het verhaal. In de ogen van gewone mensen zijn spirituele mensen gek, maar in werkelijkheid zijn het degenen die geen belangstelling voor spiritualiteit hebben, die geestelijk gestoord zijn. Spirituele mensen moeten afdalen tot het niveau van wereldse mensen om hun goede houdingen bij te brengen en hen over de juiste weg te leiden. Misschien moeten ze onder de mensen verblijven en veel dingen doen. Alleen op deze manier kunnen de mensen naar het bewustzijn van hun ware aard geleid worden. Mensen zijn zich niet van hun ware aard bewust. Zijn ze bereid om naar hun ware aard te zoeken?

Stel je bijvoorbeeld voor dat alles in een land plotseling krimpt tot half de normale afmeting. Dingen die tweehonderd meter waren krimpen tot honderd meter. Mensen die een meter tachtig waren worden negentig centimeter. Er is slechts één man die niet kleiner wordt. Hij blijft een meter tachtig. Maar in de ogen van de anderen is hij nu misvormd. Alleen hij weet wat er werkelijk gebeurd is. Maar wie luistert daarnaar? De anderen zijn zich er niet van bewust dat de man van een meter tachtig een normale lengte heeft en dat zij degenen zijn die veranderd zijn.

Mijn kinderen, spiritualiteit is de manier om onze ware aard te leren kennen. Spirituele mensen zijn zich bewust van hun echte aard. Ze proberen hun echte Zelf te realiseren. Anderen minachten hen en noemen hen gek. Die mensen zijn door de uiterlijke wereld misleid. Dit is het verschil tussen spirituele mensen en anderen.

De duivel van achterdocht

Amma wil ook graag spreken over de gezinsproblemen die zich in deze tijd voordoen. Achterdocht is de oorzaak van de meeste gezinsruzies. Veel gezinnen zijn gescheiden enkel door achterdocht. Zoveel vrouwen hebben eindeloos tranen gestort! Onlangs kwam er een vrouw hier die door haar man in de steek gelaten was vanwege zijn achterdocht jegens haar. Ze stond op het punt om zelfmoord te plegen samen met haar drie kinderen. Maar toen vertelde iemand haar over de Moeder in Vallickavu en dat ze innerlijke rust zou krijgen als ze daarheen ging. Daarom kwam ze snel naar Amma. Amma kent veel van dergelijke vrouwen. De man draagt geen cent bij aan de kosten van het huishouden, terwijl de vrouw dag en nacht werkt om voor het huishouden en de kinderen te zorgen. In ruil hiervoor krijgt ze 's nachts een flink pak slaag als de man dronken thuis komt. Er zijn talloze dergelijke gezinnen om ons heen, die lijden en in tranen zijn. Soms wordt de vrouw uit huis gegooid wegens achterdocht van de kant van haar man. Waar kan ze 's nachts met de kinderen heen? Vandaag de dag is de situatie in dit land dat het niet veilig is voor een vrouw om na de schemering over straat te lopen. Haar lichaam wordt de volgende dag aan de kant van de weg gevonden of haar toekomst is totaal geruïneerd. De omstandigheden zijn zo sterk verslechterd. Amma's mannelijke kinderen die hier aanwezig zijn, moeten niet kwaad worden. Amma zegt dit ook ter wille van jullie dochters. Ouders geven hun dochter ten huwelijk aan iemand die in de Perzische Golf werkt. Iedereen kan een valse brief schrijven en het arme meisje wordt weggestuurd. De volgende dag moet ze naar haar ouderlijk huis terugkeren waar ze als een wees wordt. In de ogen van de buren, die de waarheid niet kennen, is zij schuldig. Wat zal de toekomst van haar kind zijn? Mijn kinderen, wie denkt er over deze dingen na? Alleen omdat mensen beschuldigingen blind geloven, wordt een heel gezin te gronde gericht. Zo brengt een jonge vrouw haar leven uiteindelijk in tranen door.

Amma denkt erover om een organisatie te beginnen om vrouwen te helpen die op deze manier alle ondersteuning verloren hebben. Hiervoor moeten een paar zeer intelligente vrouwen met veel geduld zich aanmelden en helpen. Dan kunnen we duizenden gezinnen redden. Misschien wordt Amma hierom bekritiseerd. Het zij zo. Daarover maakt Amma zich geen zorgen. Ze accepteert het als het voedsel van haar leven.

Amma herinnert zich een verhaal. Er werden wat spullen uit het huis van een man gestolen. Hij had een goede vriend en begon te denken: "Mijn vriend moet mijn spullen gestolen hebben. Hij lijkt tegenwoordig een beetje zenuwachtig telkens als hij me ziet. Aan zijn gelaatsuitdrukking kan iedereen zien dat hij een dief is. En kijk eens naar de manier waarop hij loopt! Alle kenmerken van een dief zijn er. Hij is zeker degene die mijn spullen gestolen heeft!" Zo werd zijn beste vriend in zijn ogen een eerste klas dief. Hij vergat hoe liefdevol zijn vriend altijd was geweest en zag hem alleen als een dief en vijand. Maar dit was allemaal alleen het product van zijn eigen geest. Zo werkt achterdocht. Als je eenmaal door achterdocht beïnvloed bent, verander je helemaal.

Veel echtparen die besluiten hun huwelijk te beëindigen alleen wegens achterdocht, zouden ontdekken dat er geen reden voor achterdocht is, als ze met een open hart met elkaar zouden praten. Het probleem zou verdwijnen als een uienschil; er zou niets van over blijven. Door Gods genade is Amma behulpzaam geweest om talloze dergelijke gezinnen weer bij elkaar te brengen. Op deze manier is de toekomst van talloze kinderen ook veilig gesteld.

Geef aan liefdadigheid in plaats van je rijkdom te verspillen

Amma moet steeds aan de recente aardbeving denken. Het heeft geen zin er nu over te praten. Het is nodig om hulp te bieden aan degenen die daar lijden. De Ashram Trust wil vier- of vijfhonderd duizend roepies doneren. De toegewijden moeten zich aanmelden en voor deze zaak zoveel geven als ze kunnen. Liefdadigheid is essentieel in het leven van iemand met een gezinsleven.

Nu Amma over dit onderwerp spreekt, schiet haar een verhaal te binnen. Een man besloot de politiek in te gaan. Een vriend waarschuwde hem: "Je moet niet in de politiek gaan, want als je dat doet, moet je alles weggeven wat je hebt." "Prima, dat zal ik doen." "Als je twee auto's hebt, moet je er een doneren." "Dat is zeker geen probleem!" "Als je twee huizen hebt, moet je er een weggeven." "Prima, dat zal ik ook doen." "En als je twee koeien hebt, moet je er een geven aan iemand die geen koe heeft" "O nee! Dat is onmogelijk!" "Waarom? Je hebt er geen probleem mee je auto of huis weg te geven. Waarom aarzel je dan om slechts een koe weg te geven?" "Omdat ik geen twee auto's of twee huizen heb, maar ik heb wel twee koeien!"

Mijn lieve kinderen, dit is de aard van de vrijgevigheid van de mensen tegenwoordig. Ze zijn graag bereid om te doneren wat ze niet hebben, maar niet bereid om te doneren wat ze wel hebben. Mijn kinderen, zo moet onze vrijgevigheid niet zijn. Iemand helpen is de nobelste manier om God te aanbidden, zelfs als we een beetje moeten worstelen om het te doen. Het geld dat we te veel uitgaven aan voedsel en kleding, zou genoeg zijn om ontelbare mensen te helpen. Besef eens hoe veel geld we nu verspillen. Tegenwoordig denken veel mensen dat ze stoer zijn als ze sigaretten roken, dat roken een teken van mannelijkheid is. Er zijn ook mensen die denken dat roken een teken van intelligentie is. In feite is het een teken van achterlijkheid! Echte intellectuelen zijn degenen die even veel van anderen houden als van zichzelf. Op het pakje sigaretten staat dat roken gevaarlijk is voor de gezondheid. Als mensen roken, zelfs nadat ze dat gelezen hebben, moeten we ze dan intellectueel of idioot noemen? Het geld dat rokers in een maand uitgeven is genoeg om de armoede in India te verlichten.

Mijn kinderen, thans is de wereldbevolking een miljard meer dan vijftien jaar geleden. In India worden ieder jaar miljoenen kinderen geboren. Als dit zo doorgaat, wat zal de situatie over tien jaar dan zijn? Naarmate de bevolking toeneemt, nemen de waarden in het leven af, in plaats van toe. Als we iedere stap niet zorgvuldig zetten, zal de toekomst donker zijn. Daarom moeten er niet meer dan twee kinderen per gezin zijn. Zij die geen kinderen hebben, moeten de verantwoordelijkheid op zich nemen om enkele kinderen uit arme gezinnen met veel kinderen op te voeden. Probeer op de kinderen een positieve *samskara* over te brengen. We moeten ons leven zo leiden dat *dharma* gehandhaafd wordt. Echte spiritualiteit is je leven wijden aan de bescherming van *dharma*. Mijn kinderen, jullie moeten proberen om je geest naar dit doel te vormen.

Amma zal jullie niet met nog meer woorden lastig vallen. Mijn kinderen, sluit je ogen en bid om wereldvrede. Bid oprecht dat jullie het onbaatzuchtige hart van een moeder krijgen. Stort een paar tranen aan Gods voeten.

Zit allemaal rechtop en mediteer twee minuten. Stel je voor dat je een helder licht ziet ter grootte van een speldenknop.

Visualiseer dan dat dit licht zich in een cirkel uitbreidt en je uiteindelijk helemaal omgeeft. Roep in je hart als een klein huilend kind: "Moeder! Moeder!"[19] Bid terwijl je hart in liefde smelt. Probeer je hart met onschuld te vullen. Als een bloem nog in de knop zit, kunnen we niet van zijn schoonheid en geur genieten. Hij moet opengaan. Laat je hart opengaan! Dan kun je God omarmen. Zoals een kind een steentje oppakt en zich voorstelt dat het de hele wereld is, visualiseer zo de Goddelijke Moeder in je en bid onschuldig. Vergeet al het andere en roep: "Moeder! Moeder!" Bid tot haar met een smeltend hart: "Moeder, laat me goede daden verrichten, maak me meedogend, geef me een groot hart!"

---

[19] Amma zegt dat het Opperste Wezen zowel Vader als Moeder is, zowel God als Godin en uiteindelijk voorbij iedere definitie van geslacht is.

Amma bidt tijdens de viering van haar verjaardag

Alleen dit moment is echt

Amma's verjaardagsboodschap in 1994

Gegroet, alle Kinderen van Onsterfelijkheid, die werkelijk de belichaming van Liefde en het Hoogste Zelf zijn.

Mijn kinderen, jullie zijn vandaag allemaal hier gekomen om Amma's verjaardag te vieren. Maar Amma kan niet zien dat er iets speciaal aan deze dag is, wat niet op andere dagen gevonden kan worden. De hemel heeft geen speciale dag. De hemel blijft constant, als een getuige van de dagen en nachten. Voordat dit gebouw gebouwd werd, was de hemel hier en hij blijft hier nadat het gebouw is opgericht. De hemel zal er zijn nadat dit gebouw afgebroken is. De hemel verandert niet. Alles bestaat hierin, in de ruimte en niemand kan die ruimte verontreinigen. Met hemel bedoelt Amma niet de hemel die we boven ons zien, maar het Zelf dat overal aanwezig is en alles doordringt.

Als jullie vragen waarom Amma hier vandaag voor de *pada puja* (het ceremonieel wassen van haar voeten) gekomen is, is het antwoord dat Amma niet voor haar eigen geluk gekomen is, maar alleen voor dat van jullie. Een verjaardag moet een dag zijn waarop we zowel aan de dood als aan de geboorte denken, want wanneer wij geboren worden, wordt de dood ook geboren. We hebben de neiging dit te vergeten. Iedereen die geboren wordt kan onmogelijk de dood vermijden, want de dood volgt iedereen als een schaduw. Maar velen zijn bang om zelfs maar aan de dood te denken.

Amma herinnert zich een verhaal. Een brahmaan kwam bij koning Yudhishthira[20] om wat geld te vragen als bijdrage aan de kosten van het huwelijk van zijn dochter. De koning, die het erg

---

[20] De oudste van de vijf Pandava broers die in de Mahabharata beschreven worden. Hij was koning en befaamd om zijn perfecte deugd en vroomheid.

druk had, vroeg de brahmaan om de volgende dag terug te komen. Bhima, de broer van de koning, die in de buurt stond, hoorde dit. Hij zei tegen iedereen in het paleis: "Blaas op de schelpen! Sla op de trommels! Maak vrolijke muziek met al jullie instrumenten! Juich van vreugde!" Het paleis weergalmde toen van al deze geluiden. Yudhishthira was verrast. "Wat is dit allemaal?" vroeg hij. "Gewoonlijk vindt zo'n uitgelatenheid alleen plaats als de koning als overwinnaar terugkomt van een gevecht nadat hij een vijandelijk koninkrijk overwonnen heeft. Zoiets is nu niet gebeurd. Dus waarom al die opschudding?" De mensen om hem heen zeiden: "Bhima heeft ons gevraagd dit te doen!" Meteen liet de koning Bhima komen en hij vroeg hem om uitleg.

"Dit is om de vreugde te laten zien die de mensen en ik voelen," zei Bhima.

"Wat heeft jullie zo blij gemaakt?"

"Ziet u, vandaag kwam ik te weten dat mijn broer de dood overwonnen heeft! Dus het was om die overwinning te vieren."

Yudhishthira was verbijsterd. Hij keek geschrokken naar Bhima. Bhima zei: "Ik hoorde je tegen die brahmaan zeggen dat hij morgen terug moest komen om zijn gift te ontvangen. Maar er is geen garantie dat we hier morgen zullen zijn. En toch kon je die brahmaan vol vertrouwen zeggen dat hij hier morgen moest zijn. Is het dan niet waar dat je dit zei omdat je het vermogen hebt om de dood weg te houden?"

Pas toen besefte Yudhishthira zijn fout. Hij had de waarheid vergeten dat de dood altijd aanwezig is en dat we, wat we op dit moment moeten doen, nu meteen moet doen. Iedere keer dat we uitademen, kunnen we er niet zeker van zijn dat we weer zullen inademen. De dood is tijdens iedere ademhaling bij ons.

Alleen iemand die begrepen heeft wat de dood is, kan een echt leven opbouwen, want op een bepaald moment zal de dood dit lichaam, waarvan we denken dat het het echte 'ik' is, wegrukken en tegelijk daarmee onze rijkdom, kinderen, familie en vrienden. Als we de waarheid niet vergeten dat de dood altijd bij ons is, of we er nu bang voor zijn of niet, kunnen we ons leven de juiste weg opleiden en ons verheffen tot een staat voorbij geboorte en dood. Begrijpen wat de dood is, helpt ons het leven te begrijpen. Iedereen probeert tevergeefs om zijn leven volkomen gelukkig te maken. De reden van dit falen is dat alles wat we vandaag krijgen, morgen verloren zal gaan en die verliezen dompelen ons in oneindig verdriet. Maar als we ons van de vergankelijke aard van de dingen bewust worden, zal het verlies ervan ons niet verzwakken. Integendeel, we zullen geïnspireerd worden om ons te verheffen tot een staat die het verlies van die dingen transcendeert. We moeten op dit moment beginnen om ons in te spannen om die toestand te bereiken, omdat er absoluut geen zekerheid is, dat we hier een volgend moment nog zullen zijn.

Als dit moment verloren gaat, is dat echt een groot verlies. Als je wilt mediteren, doe het dan nu. Als er een taak is die nu gedaan moet worden, moet je er nu meteen mee beginnen en het geen moment uitstellen. Dit is de mentale instelling die we moeten hebben. Dit soort vastberadenheid moet in ons wortel schieten. Of we aan de dood denken of niet, we doden iedere cel in ons lichaam door alleen aan uiterlijk geluk te denken. De manier van leven die we hebben aangenomen, vergiftigt ons en we strekken onze beide handen ernaar uit en accepteren het zonder te beseffen dat het vergif is.

Alle landen, politici en wetenschappers proberen het comfort in het leven te vergroten. Om dit te doen hebben ze hun intellect tot het maximum ontwikkeld. De uiterlijke wereld is zoveel mogelijk ontwikkeld. Maar is er perfect geluk of tevredenheid? Nee. De innerlijke wereld droogt steeds meer op. We mogen dan huizen, auto's en vliegtuigen met airconditioning hebben, maar is het niet zo dat we alleen ongestoord kunnen slapen als we innerlijke rust hebben? En eet iemand die geen innerlijke rust kent gezond?

Leef met kennis van de Waarheid

De kwaliteit van het leven hangt niet alleen van het lichaam, uiterlijke objecten en uiterlijk geluk af. Echt geluk hangt van de geest af. Als we de geest onder controle kunnen houden, zal alles binnen ons bereik liggen. Echte kennis is de kennis hoe we de geest onder controle brengen. Dit is spirituele kennis. Pas als we deze kennis hebben verworven, kunnen we alle andere kennis die we hebben verkregen, juist gebruiken. In de oude tijd waren er wel 30 - 50 mensen in sommige families en ze leefden samen met ongelooflijk veel liefde, acceptatie en eenheid. Er was een atmosfeer van liefde en vrede onder hen en dit was mogelijk omdat ze de spirituele principes begrepen. Ze begrepen het leven en het ware doel ervan. Ze bouwden hun leven op de basis van spiritualiteit. Maar nu wordt dat alles slechts als een mythe gezien. Als er tegenwoordig drie leden in een gezin zijn, leven ze alsof ieder een afzonderlijk eiland is. Ieder individu heeft zijn eigen manieren; er is geen besef van eenheid. Als we spiritualiteit leren begrijpen, kunnen we die situatie verwijderen, in ieder geval uit ons eigen gezin.

Spiritualiteit is het principe dat onze harten dichter bij elkaar brengt. Zij die geleerd hebben om in de oceaan te zwemmen, zullen van de golven genieten. Iedere golf maakt de zwemmers blij. Maar zij die niet kunnen zwemmen, kunnen door de kracht van de golven meegesleurd worden. Op dezelfde manier zal iemand die spiritualiteit kent, ieder obstakel in het leven met een glimlach tegemoet treden.

Spiritualiteit is het principe dat ons in staat stelt iedere situatie en crisis in het leven met een glimlach tegemoet te treden. Zij die niet vertrouwd zijn met dit principe, zullen zelfs door een kleine hindernis ontredderd worden. Wanneer er een enorm stuk vuurwerk afgaat als we ergens niets vermoedend staan, zullen we ervan schrikken. Maar als we van te voren weten dat het vuurwerk af zal gaan, schrikken we niet. Als we op de hoogte zijn, zullen we niet wankelen als we met ongunstige omstandigheden te maken krijgen.

Sommige mensen denken dat spiritualiteit blind vertrouwen is. Maar spiritualiteit is het ideaal dat de duisternis verwijdert. Veel mensen misleiden jongeren in plaats van hun de echte spirituele principes uit te leggen. Sommige stellen dat, per slot van rekening, religie geen voedsel voor de hongerigen is. Dat is waar, maar laat Amma hun iets vragen: Waarom plegen veel mensen die rijkelijk eten, in kamers met airconditioning slapen en jachten en vliegtuigen bezitten, zelfmoord door vergif in te nemen, zich dood te schieten, zich voor een rijdende trein te werpen of zich op te hangen? Wijst dit er niet op dat er iets is voorbij het geluk dat verkregen wordt door heerlijk voedsel en luxe? Daarom moeten we in ons leven de vrede schenkende waarheid accepteren en nastreven, en dit is niets anders dan het spirituele pad. Mijn kinderen, het verkrijgen van huizen en rijkdom of het verwerven van macht en aanzien is als het verzamelen van kammen voor een kaal hoofd! Dit betekent niet dat jullie moeten luieren en niets doen. Verricht iedere handeling zonder gehechtheid nadat jullie dit principe begrepen hebben.

Mijn kinderen, wij zijn allemaal verschillende vormen van hetzelfde Zelf, als hetzelfde snoep verpakt in verschillende papiertjes. Het snoepje in een groen papiertje zegt tegen het snoepje in een rood papiertje: "Jij en ik zijn gescheiden." De rode zegt tegen de blauwe: "Ik ben ik en jij bent jij. We zijn anders." Maar als we papiertjes verwijderen, zijn ze allemaal hetzelfde. Hetzelfde besef van verschillen bestaat onder ons. Zonder te beseffen dat we in werkelijkheid niet verschillend of gescheiden van elkaar zijn, worden we door de uiterlijke vormen misleid. En kijk eens naar de problemen die daardoor ontstaan! Waarom herkennen mensen dit niet? Omdat we het hart van het kind in ons verloren hebben. Als gevolg daarvan kennen we de essentie van ons ware Zelf (*Atman*) niet. We kunnen de gelukzaligheid van Brahman niet genieten.

Als Amma over het hart van een kind praat, bedoelt ze een hart dat onderscheid kan maken. Jullie zeggen misschien: "Maar kinderen hebben geen besef van onderscheid." Wat hier eigenlijk bedoeld wordt is het vertrouwen en de fantasie van een kind. Een klein jongetje neemt een rots en noemt het de versierde troon. En dat wordt het dan ook voor hem. Als hij er met een stok in zijn hand voor staat en als een koning met zijn zwaard poseert, is hij in zijn geest werkelijk een koning. Zijn taal en zijn houding worden die van een koning. Hij denkt niet dat hij op een rots zit of dat hij alleen maar een stok vasthoudt. Wat hem betreft, hanteert hij een echt zwaard. We hebben deze verbeeldingskracht, vertrouwen en onschuld verloren. In plaats daarvan zijn we toonbeelden van jaloezie en wrok geworden. Een spiritueel persoon heeft een onschuldig hart nodig en een intellect met onderscheidingsvermogen. Alleen dan kan men spirituele gelukzaligheid genieten. Verdriet of teleurstelling komt in het leven van zo iemand niet voor.

Mijn lieve kinderen, als jullie vrede willen ervaren, kan dat niet zonder een onschuldig hart. Alleen in een onschuldig hart kan God verblijven.

Een leven vol onzekerheid

Vogels strijken neer op boomtakken waar ze eten en slapen. Maar ze weten dat als de wind komt, de tak waarop ze zitten, ieder moment kan breken. Daarom zijn ze voortdurend alert en klaar om ieder moment weg te vliegen. De dingen in deze wereld zijn als zulke takjes; ze kunnen ieder ogenblik verloren gaan. Om niet door verdriet overmand te worden, wanneer dit gebeurt, moeten we ons aan het Hoogste Principe vasthouden. Als ons huis in brand staat, zal niemand van ons zeggen: "Laten we het morgen blussen!" We blussen het vuur onmiddellijk. Vandaag kan ons leven vol verdriet zijn, maar in plaats van te piekeren, onze gezondheid te ruïneren en tijd te verspillen moeten we proberen een oplossing te vinden.

Mijn kinderen, dat wat nu bij ons is, zal niet voor altijd bij ons zijn. Ons huis, onze rijkdom en bezit zullen niet altijd bij ons zijn. Op het eind zal geen van deze dingen ons vergezellen. Alleen het Hoogste Zijn is onze eeuwige metgezel. Amma zegt niet dat we alles moeten opgeven of dat we voor iemand afkeer moeten voelen. Amma bedoelt dat we moeten erkennen dat niets permanent is. We moeten een leven van onthechting leiden. Dit is de enige manier om vrede in het leven te vinden.

We reizen op zee in een kleine kano. Plotseling betrekt de lucht. Er zijn voortekenen van een storm. Het begint te gieten en enorme golven brengen de oceaan in beroering. Wat doen we? Zonder een ogenblik te verliezen proberen we de boot aan wal te brengen. Mijn kinderen, wij bevinden ons in een dergelijke situatie. We hebben geen seconde te verliezen. We moeten vooruit roeien naar het Hoogste Zijn. Dit is onze enige toevlucht. Mediteer voortdurend op het Hoogste Zijn. Dit is de enige manier om aan verdriet te ontsnappen.

Mijn kinderen, jullie werken hard voor je eigen persoonlijk voordeel, maar vergeet niet om je heen te kijken. Denk aan de stortregens die we de afgelopen maanden gehad hebben. Duizenden mensen om ons heen bleven de regenachtige nachten wakker onder lekkende daken en vroegen zich af wanneer hun hut het zou begeven. Als jullie je glas met alcohol heffen, denk dan aan die mensen. Met het geld dat we iedere maand verkwisten, zouden we hun dak kunnen laten bedekken. Dan zouden die mensen 's nachts comfortabel kunnen slapen. Er zijn zoveel arme kinderen die door gebrek aan geld niet langer naar school kunnen gaan, ook al zijn ze de beste leerling van de klas. Dan worden het straatkinderen. Stel je de gezichten van die onschuldige kinderen voor, iedere keer dat je dure kleren aantrekt.

Mijn kinderen, Amma dwingt niemand. Ze denkt gewoon aan de ellendige toestand van de wereld. Dat is alles. Er is één ding waarvan Amma zeker is: als haar kinderen het serieus menen, kunnen ze de huidige omstandigheden veranderen. Mijn kinderen, alleen dit is echte aanbidding van God! Dit is wat Amma van jullie verwacht.

Ik ben Liefde, de belichaming van Liefde

Amma's verjaardagsboodschap in 1995

Mijn kinderen, nederigheid en geduld zijn de basis van alles. We moeten deze mentale houding hebben. Deze houding ontbreekt nu en daarom ontstaan er conflicten in de samenleving. Nu is de wereld een slagveld geworden. In zo'n wereld zijn er geen familieleden, vrienden of geliefden, alleen vijanden die ernaar verlangen elkaar te doden. Het ene moment vormen ze een groep en vechten met de tegenstanders. Het volgende moment gaan ze uit elkaar en beginnen met elkaar te vechten. Dit zien we op veel plaatsen. Mensen hebben het op zich genomen om egoïstisch en arrogant te zijn en het is onmogelijk om te weten wat hun volgende zet zal zijn. Mijn kinderen, probeer dus om geduld, liefde en vertrouwen in elkaar te bevorderen.

Mijn kinderen, we beseffen de waarheid niet dat we gebonden zijn door onze gehechtheid aan onze relaties. Niet dat we geen relaties mogen hebben, maar als we gehechtheid ontwikkelen, moeten we ons duidelijk bewust zijn van de plaats die we dat object of die persoon in ons leven geven. Alleen als de relatie vol wederzijds begrip is, zal echte liefde zich ontwikkelen. Of we nu gehecht zijn aan een persoon of een voorwerp, de gehechtheid moet niet toe- of afnemen afhankelijk van de omstandigheden. De mensen zeggen: "Ik houd van je," maar dit zijn niet de juiste woorden. "Ik *ben* liefde, de belichaming van liefde." Dit is de waarheid. Als we zeggen: "Ik houd van je," is er een 'ik' en een 'jij'. En de liefde wordt er ergens tussenin geperst. Wat van ons naar anderen stroomt, moet liefde zijn, niets anders dan liefde. Liefde mag niet toenemen of afnemen naar gelang de omstandigheden. We moeten allemaal leren om de belichaming van liefde te zijn.

Dan zullen we niemand schaden en voor anderen alleen van nut zijn. Dit is het principe dat we moeten realiseren.

Als een vogel met gekortwiekte vleugels in een gouden kooi zitten wij gevangen in onze eigen geest. We zitten vast aan de kettingen van naam en faam, positie en rijkdom, en die kettingen zijn bedekt met mooie bloemen. De vraag hier gaat niet over vrijheid, maar is hoe we de ketenen die ons binden moeten verbreken. Om dit te doen moeten we de ketenen waaraan we vastzitten zien, en niet de bloemen. De bloemen en versieringen zijn slechts oppervlakkig. Als we van dichterbij kijken, kunnen we de kettingen zien die door de bloemen verborgen worden. We moeten de gevangenis als gevangenis zien, niet als ons huis. Alleen dan zal onze geest enthousiast de sprong naar de vrijheid maken. Alleen dan kunnen we ons doel bereiken.

Twee plus twee is...

In het huidige gezinsleven zal de man zeggen dat twee en twee vier is, terwijl voor de vrouw twee en twee niet alleen gelijk is aan vier, maar aan alles gelijk kan zijn. De man leeft in zijn verstand terwijl de vrouw in haar hart leeft. Amma's vrouwelijke kinderen hoeven niet van streek te raken als ze dit horen. Er is vrouwelijkheid in mannen en mannelijkheid in vrouwen. Over het algemeen zijn de beslissingen van mannen standvastig en zwichten niet voor de omstandigheden. Uit het eerdere gedrag van een man kunnen we voorspellen hoe hij zich in iedere situatie zal gedragen. Maar bij vrouwen ligt dat anders; haar aard is zwakker en zwicht voor omstandigheden. Haar hart is vol compassie. Deze meedogende aard is de belangrijkste oorzaak van haar verdriet. Men kan niet voorspellen hoe het gemoed van een vrouw op een bepaalde situatie zal reageren.

We beginnen aan onze levensreis met het hart en het verstand. Het hart en verstand wijzen in bijna tegenovergestelde richtingen. Daarom is er vaak geen vrede en harmonie in het gezinsleven.

Spiritualiteit is het gezinslid dat de verschillen tussen hart en geest bijeenbrengt in het juiste ritme en in harmonie. Spiritualiteit is de schakel die hen verbindt. Pas als we spiritualiteit de gepaste plaats geven, wordt het leven echt. Het verstand daalt gewoonlijk niet af naar het hart, en het hart stijgt niet op naar het verstand. Zo leven veel gezinnen nu.

Veel vrouwen klagen tegen Amma en zeggen:"Amma, ik vertel mijn man al het verdriet in mijn hart. Hij maakt alleen een geluid van erkenning, maar reageert helemaal niet echt. Daarom geloof ik niet dat hij van me houdt." Amma vraagt de man dan onmiddellijk: "Wat hoor ik nou, mijn zoon? Houd je niet van deze dochter?" En hij zegt: "Dat is niet waar, Amma! Ik houd echt van haar!" Mijn kinderen, dit is als honing binnen in een steen: je kunt de zoetheid ervan niet proeven. Om van de zoetheid te genieten moeten we de honing op de palm van onze hand krijgen. Op dezelfde manier is liefde niet iets wat we van binnen verborgen moeten houden. Liefde moet op de juiste tijden getoond worden. De vrouw wordt niet gelukkig van de liefde die verborgen is in het hart van haar man. Mijn kinderen, omdat jullie elkaars hart niet kennen, is het niet genoeg om de liefde in je hart verborgen te houden. Je moet je liefde *tonen*, met woorden en daden. Amma zegt dit voor de vrede en harmonie in het gezin. Als je je liefde niet toont, is het als het plaatsen van een blok ijs in de handen van iemand die door dorst gekweld wordt. Het ijs kan iemands dorst niet lessen. Dus, mijn kinderen, jullie moeten naar het niveau van de ander gaan en met een open hart van elkaar houden. Jullie moeten elkaars liefde begrijpen.

Amma herinnert zich een verhaal. In een bepaald gezin was de vrouw erg dol op dieren. Op een dag gingen ze naar een dierenwinkel waar de vrouw een aap ontdekte. Ze voelde een groot verlangen om hem te kopen. Maar haar man stond niet toe dat ze hem kocht. Toen ze later weer thuis waren, was haar liefde voor de aap niet afgenomen. Op een dag toen haar man weg was, ging ze terug naar de dierenwinkel en kocht het dier. Toen haar man thuiskwam, zag hij de aap vastgebonden aan een paal. "Wat heb je gedaan?" zei hij. Zij antwoordde: "Ik kon er niets aan doen. Ik ben erheen gegaan en heb hem gekocht."

"Wat ga je hem te eten geven?"

"We geven hem iets van ons voedsel."

"En waar gaat hij slapen?"

"Op ons bed."

"Maar dat zal vreselijk stinken!"

"En wat dan nog? Ik heb het de afgelopen twintig jaar verdragen, dus ik weet zeker dat dit arme beest het ook kan verdragen."

Wat betekent dit? Het betekent dat liefde in het wereldse leven zeer oppervlakkig is. Vandaag de dag is liefde tussen mensen zelden gebaseerd op wederzijds begrip. De harten van twee mensen kennen elkaar niet. De vrouw begrijpt het hart van haar man niet en de man begrijpt het hart van zijn vrouw niet. Niemand is bereid een compromis te sluiten. Zo gaat het leven verder. Hoe kan er in zo'n leven vrede zijn? Door spiritualiteit ontwikkelen we de bereidheid om elkaar te begrijpen en elkaar een plaats te geven. De reden voor alle mislukkingen in het leven is het gebrek aan wederzijds geven en nemen.

De eerste echte liefde die we ervaren is de liefde van onze moeder. Je vindt geen enkele onzuiverheid in de liefde van een moeder voor haar baby. Die liefde is helemaal niet op verwachtingen gebaseerd. Moederliefde is essentieel voor de groei van een baby. Hoewel men zegt dat het westen het land van intellectuelen is, zijn veel mensen daar mentaal ziek. De reden hiervan is gebrek aan moederliefde. Zelfs als er benzine in een auto zit, heb je een accu nodig om het voertuig te starten. Zo ook is de liefde van de moeder die ons je leven gaf, de basis van ons leven.

Jullie vragen misschien: "Maar is de liefde die door anderen getoond wordt, ook geen liefde?" Ja, dat is ook liefde, maar er schuilt altijd een verwachting achter. Als de echtgenote een fout maakt, laat haar man haar in de steek. Al de echtgenoot een fout maakt, laat zijn vrouw hem in de steek. Dit soort liefde is liefde die verdwijnt als er zelfs maar een klein foutje gemaakt wordt. Dit is de aard van een dierlijke geest.

We houden van de koe om haar melk. Wanneer ze geen melk meer geeft, houden we haar misschien nog een paar dagen en verkopen haar dan aan de slager. Zo is wereldse liefde. Amma kan dat geen echte liefde noemen. Spiritualiteit verheft die dierlijke mentaliteit tot goddelijkheid. Man en vrouw kunnen van elkaar scheiden, maar een moeder is niet bereid haar kind op te geven; ten minste negentig procent van de moeders is daartoe niet bereid. Juist de liefde van de moeder stelt een kind in staat om liefde van de wereld te accepteren en om liefde te geven. Vergeet dit niet, mijn kinderen: als de liefde van een moeder voor haar kind verdwijnt, kan dat de oorzaak van de ondergang van het kind zijn en ook de oorzaak van de ondergang van het land.

Leer de taal van het hart

Dit is een wereld van rede en intellect. De mensen zijn de taal van het hart vergeten. De taal van het hart, dat anderen liefheeft, vertrouwt en respecteert, is nu verloren gaan.

Een vrouw liet haar man een gedicht zien dat ze had geschreven. Zij was dichter en haar man was wetenschapper. Omdat zijn vrouw erop aandrong, las hij het gedicht. Het was een gedicht dat een kind beschreef. "Het kindergezicht is als de maan, de ogen zijn als lotusbloembladen…" Het gedicht bevatte in iedere regel dergelijke vergelijkingen. Toen hij het gelezen had, wachtte ze gretig op zijn mening. Hij zei: "Wat heb je hier geschreven? Er zijn miljoenen uitgegeven om de mens naar de maan te laten gaan. En wat hebben ze daar gevonden? Wat rotsen. Niet eens lucht. Als je de maan op je hoofd draagt, zullen je schouders verbrijzeld worden!" Hij bleef het gedicht maar bekritiseren met zulke schimpscheuten. Uiteindelijk zei ze: "Je begrijpt dit gedicht niet. Geef het me maar terug." De echtgenoot zag het gedicht met zijn verstand. Er was geen hart. Hij kon alleen de rotsen op de maan zien. De mensen hebben hun onschuld verloren door erop te staan dat ze alleen wat ze met hun zintuigen kunnen zien, zullen vertrouwen.

Het intellect van de mensen is zo sterk gegroeid dat ze tegenwoordig niet kunnen leven zonder machines die alles voor hen doen. Er is zelfs een machine om je tanden te poetsen. Daardoor krijgt niemand voldoende oefening. Om je gezondheid te handhaven moet je tijd vinden om oefeningen te doen. Als je dit overweegt, zie je dat het comfort dat we van de ene kant gekregen hebben, ons van de andere kant zwakker maakt. Thans voelen mensen zich voortdurend gespannen. Men heeft de beschikking over alle comfort en gemak, maar er is geen moment vrij van spanning.

Ouders beginnen zich al zorgen te maken zodra ze erachter komen dat het kind, dat nog in de baarmoeder is, een meisje is. Hun zorgen eindigen pas als ze haar opgevoed hebben, onderwijs gegeven hebben en uitgehuwelijkt hebben. Tegenwoordig zijn ze net zo bezorgd om hun zonen. Nog voor de zoon naar de universiteit gaat, wil hij een motor, en er heerst thuis geen vrede totdat hij er een krijgt. Hij aarzelt niet alles thuis kapot te slaan. Hij dreigt zelfmoord te plegen als ze niet voor hem kopen wat hij wil. In deze tijd hebben ouders veel dergelijke problemen. Ouders die hoopten dat hun kinderen voor hen zouden zorgen als ze volwassen zijn, zijn nu bang dat ze door hen gedood worden. De vooruitgang van de mensheid heeft dit stadium bereikt. De reden is dat nu ieder individu alleen op zichzelf gericht is. Egoïsme is in die mate toegenomen. Naarmate het verstand groeit, verdort het hart. De tijd dat we voelden dat het verdriet van anderen ons verdriet was, ligt ver achter ons. Nu aarzelen de mensen niet om anderen ter wille van hun eigen geluk in moeilijkheden te brengen. Wil dit veranderen, dan moet het hart samen met het verstand groeien.

Liefde moet ook naar beneden stromen

Vaak proberen we vrienden te worden met mensen die hoger op de sociale ladder staan of rijker zijn dan wij. Maar dat veroorzaakt altijd verdriet. Er zijn duizenden mensen die door grotere problemen en ellende gaan dan wij. Waarom denken we niet aan hen? Als we ons leven met het hunne vergelijken, kunnen we zien dat het onze de hemel is. Als we aan degenen denken die het beter hebben dan wij, treuren we dat we zo arm zijn omdat we niet de rijkdom hebben die zij hebben. Als we ziek worden, klagen we: "O nee! Ik ben zo ziek!" Maar gewoonlijk zijn er veel mensen om ons heen die aan veel ernstigere ziekten lijden dan wij. Als we aan hen zouden denken, zouden onze problemen niet zo ernstig lijken. We moeten proberen vrij van verdriet te worden door onszelf op die manier te troosten. Als we andersom denken, zal ons leven vol ellende zijn.

We willen zelden gewone mensen helpen. We vinden niet de tijd om hun verdriet te delen. We zijn niet bereid hun de hulp te bieden die we kunnen bieden. Maar dat is ook aanbidding van God. Als we bereid zouden zijn om dat te doen, zouden we de sleutel bemachtigen die de deur naar de wereld van vreugde opent.

Houd met een open hart van de armen. Voel met hen mee. Laten we het als ons *dharma* zien om van hen te houden en hen te dienen. Laten we dat als een plicht zien die God ons heeft toevertrouwd. Als we deze houding ontwikkelen, ontdekken we dat we geen tijd hebben om over onze eigen situatie te treuren. Meer dan een derde van de Indiase bevolking leeft, naar men zegt, in armoede. Als wij allemaal zorgzaam zijn, onnodige uitgaven schrappen en elkaar helpen, hoeft niemand hier honger te lijden.

God heeft ons genoeg voor iedereen gegeven, maar sommigen hebben voor zichzelf gemonopoliseerd wat voor anderen is bedoeld. Ze weten niet dat het hun eigen broers en zussen zijn die hierdoor honger lijden. Zulke mensen kunnen in materiële pracht en praal leven, maar als ze niet breid zijn om meedogend tegenover de armen te zijn en de mensen in nood te helpen, dan lijden ze aan innerlijke armoede. In Gods wereld zijn zij echt de allerarmsten en ze zullen niet aan het mentale lijden kunnen ontsnappen dat door hun gebrek aan compassie veroorzaakt wordt.

Het is zinloos om een heilige olielamp aan te steken of iets aan God te offeren zonder enig licht te brengen in het leven van de armen. We moeten afdalen naar de wereld van de armen. We moeten van hen houden en hen dienen. Als we dit niet doen, kunnen we de zoetheid van de meditatie niet proeven, hoeveel we ook mediteren. De hulp die we aan anderen geven, schenkt onze meditatie zoetheid.

Amma ziet mensen die gekweld worden omdat ze geen werk kunnen vinden en aan drugs verslaafd zijn. Drugs nemen geeft hun geen werk. Het vergroot alleen de last van hun gezin. Ook al heb je slechts een paar vierkante meter grond, probeer er iets op te verbouwen. Aarzel niet om wat te verbouwen, zelfs als je hoger onderwijs hebt genoten. Als niets anders mogelijk is, laat dan minstens een paar bananenbomen in je tuintje groeien. Laten wij en onze gezinnen op die manier van ons harde werk leven.

Mijn kinderen, sluit nu je ogen en visualiseer de vorm van de Goddelijke Moeder. Of stel je voor dat de Goddelijke Moeder voor je staat. Het is niet nodig om aan binnen en buiten te denken of aan het Hoogste Wezen met of zonder kenmerken. Probeer je geest gewoon op één punt te richten. Maak je geen zorgen als je de vorm niet kunt visualiseren. Sluit je ogen en roep stilletjes: "Moeder! Moeder!" Sommige mensen vragen misschien: "Is God dan niet in ons?" Ja, God is inderdaad in ons, maar we zijn niet op ons innerlijke Zelf geconcentreerd. Onze geest rent veel dingen achterna. Het herhalen van een mantra is een manier om de ronddwalende geest naar binnen te brengen. "Moeder!" zeggen is hetzelfde als zeggen: "O Eeuwige Liefde! Eeuwig Mededogen, leid me!"

Om shanti, shanti, shanti!

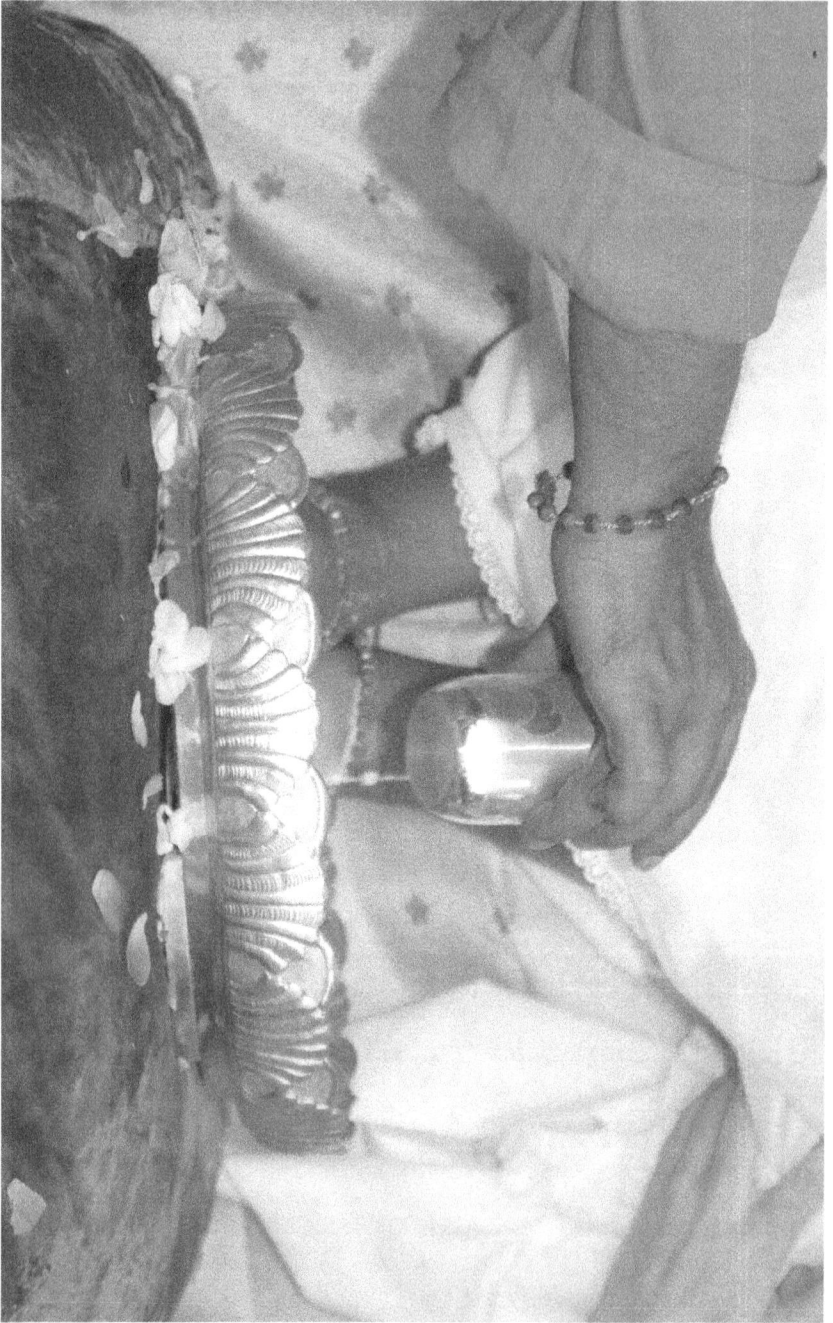

*Swami Amritaswarupananda verricht de pada puja
tijdens de viering van Amma's verjaardag*

De oude cultuur van de Rishi's weer tot leven brengen

Amma's verjaardagsboodschap in 1996

Ik groet jullie allemaal, die werkelijk de belichaming van Liefde en het Hoogste Zelf zijn.

Spirituele personen hebben geen geboortedag, verjaardag en dergelijke. Zij horen dat allemaal op te geven. Amma heeft ermee ingestemd dit alles uit te zitten voor het geluk van haar kinderen. Maar wat Amma echt gelukkig zou maken is als jullie op deze dag een gelofte zouden doen dat jullie de waarden van onze cultuur in jullie op zullen nemen en daardoor onze *samskara* herstellen en dat jullie volgens die gelofte zullen leven. We moeten dit vaste besluit nemen.

Veel mensen stellen de vraag: "Waar gaan we heen?" Dit is een zeer belangrijke vraag. Waar gaat India, het land van de *Rishi's*[21] (de gerealiseerde wijzen uit de oudheid) heen? Het is een vraag die ieder van ons zich moet stellen. En het is bijna te laat. We kunnen dit niet verder uitstellen, want het uitstellen is gevaarlijk. Amma zegt dit niet om haar kinderen bang te maken. Ze zegt eenvoudig en open de waarheid. Er is nog ruimte voor hoop. Als we het gevaar dat voor ons ligt, herkennen en voorzichtig verder gaan, kunnen we het nog vermijden.

Dit is het tijdperk van onwaarheid en onrechtvaardigheid. De samenleving die zich om ons heen ontwikkelt, heeft zijn onderscheidingsvermogen verloren. Tegenwoordig zijn de namen van veel individuen die de samenleving moeten leiden, om welke reden dan ook, bezoedeld. De neergang van *dharma* is overal duidelijk. Het komt vaak in Amma op dat we een revolutie moeten ontketenen. Er moet hier een *pralaya* (ontbinding) plaatsvinden en we

---

[21] Zie woordenlijst.

moeten niet tot het jaar 2000 wachten om dit te laten gebeuren. De revolutie moet hier en nu plaatsvinden; we kunnen het geen minuut meer uitstellen. Amma verwijst naar een revolutie van de geest. We hebben een geest, maar geen geweten. Daarom moeten we onze geest zuiveren. Spiritualiteit is een buitengewone gift die de oude wijzen ons hebben geschonken. Zonder begrip van spiritualiteit zou het leven vol duisternis zijn. Als we onze spirituele cultuur niet goed absorberen, zal ons leven zinloos zijn.

Als we daarentegen spiritualiteit begrijpen en volgens de principes ervan leven, zal ons leven vol betekenis, schoonheid en vreugde zijn. Daarom is het vanuit ieder perspectief essentieel, dat we spiritualiteit in ons leven weer tot bloei brengen. Onze Moeder Dharma lijdt aan een hartziekte. We moeten haar dringend opereren zodat ze weer beter wordt. Mijn kinderen, nu vandaag moeten jullie een gelofte afleggen om dit te doen.

Bharat, het land van dharma

Tegenwoordig zijn de mensen onwillig om het woord *dharma* zelfs maar uit te spreken. Bharat (India) is het land van *dharma*. *Dharma* is het principe van openheid, de essentie van liefde. Het *dharma* van India is, naar men zegt, als de voetafdruk van een olifant, die zo groot is dat hij de voetafdrukken van alle dieren kan bevatten. Zo ook is het *dharma* van India, de cultuur van India, ruim genoeg om alles te omvatten. Maar nu gaat het in alle opzichten ten onder. Dit mag niet langer doorgaan.

Wetenschap en cultuur

Onze cultuur komt niet uit wetenschap voort, maar heeft zijn oorsprong in *samskara* en die *samskara* heeft, op zijn beurt, zijn oorsprong in spiritualiteit. Amma kleineert de wetenschap niet. De wetenschap geeft ons fysiek comfort en gemak. Maar wil *samskara* in het leven gevormd worden, dan is spiritualiteit essentieel.

Waar kwam deze *samskara* van ons vandaan? We hebben het van de *Rishi's*, de oude wijzen, gekregen. Onze *samskara* draagt de levensprincipes in zich, die van de traditie van de *Rishi's* stammen. Het is nog in ons, het is niet helemaal verloren gegaan. Het is nu essentieel dat we die *samskara* weer tot leven brengen en herstellen. We weten wat de wijzen deden. De sneeuw in de Himalaya's smelt door de warmte van de zon en stroomt naar beneden in de vorm van talloze rivieren voor het welzijn van de wereld. Op dezelfde manier stromen de liefde, compassie en genade van de wijzen, de kenners van *Brahman*, de Absolute Werkelijkheid, naar alle levende wezens. Hun liefde verwijdert het ego in ons, maakt onze geest zo ruim als het universum en inspireert ons om ons leven aan het welzijn van de wereld te wijden. Dit is het *dharma* dat gevolgd wordt door hen die de van de *Rishi's* afstammen. Het ongecontroleerde leven van de mensen vandaag bouwt een muur die de stroom van die liefde en onbaatzuchtigheid tegenhoudt.

De Guru en de leerling

De spirituele meesters en de leerlingen in de oude gurukula's reciteerden samen een bepaalde mantra[22]. De spirituele meester stond op een hoger niveau dan de leerlingen die voor hem op de grond zaten. Toch reciteerde de meester deze mantra samen met de leerlingen.

Om sahanavavatu
Sahanau bhunaktu
Sahaviryam karavavahai
Tejasvinavadhitamastu
Ma vidvishavahai
Om shanti shanti shanti.

---

[22] Deze mantra is de inleidende mantra (de Shanti Mantra of vredesaanroeping) in alle Upanishaden die tot de Krishna Yajurveda. behoren. De Krishna Yajurveda is een deel van de Yajurveda, die een van de vier Veda's is.

Moge God ons allemaal beschermen.
Moge Hij ons de gelukzaligheid van het Zelf laten genieten.
Mogen we moedig en schitterend worden.
Mogen we samenwerken en mogen onze studies succesvol zijn.
Mogen we nooit met elkaar ruziën.
Om vrede, vrede, vrede.

De *Rishi's* toonden dit soort nederigheid. Zij vonden niet dat hun wijsheid alleen henzelf ten goede moest komen. Waar is nu die wijsheid, die nederigheid en *samskara* bevorderde? Wat zien we tegenwoordig in de scholen? De leerlingen denken dat ze slimmer zijn dan de leraren. De leraren reageren door te denken: "Wat zijn ze arrogant! Wat kan ik hen leren?" Maar noch de leraren noch de leerlingen zijn bereid om dit probleem te onderzoeken en te begrijpen. Als gevolg zijn de leraren louter machines geworden en de leerlingen stenen muren. Er is geen liefde tussen hen en er stroomt geen kennis. Er was een tijd dat de sfeer op school heel anders was. Zowel de leerlingen als de kinderen waren vol enthousiasme. De kinderen luisterden gretig naar de leraar en de leraar gaf zijn kennis graag aan de leerlingen. Ze waren nooit verveeld, hoeveel tijd ze samen ook doorbrachten.

In de oude tijd was de gewoonte om aantekeningen te maken en van aantekeningen te leren onbekend in scholen. Zonder de hulp van pen of boek leerden de leerlingen toen meer dan de mensen tegenwoordig in een heel leven leren. Ze leerden de Veda's, de Vedanga's[23], Ithihasa's[24] en de epen van buiten. Onderwijs in die tijd was wat de leerlingen van de meesters in zich opnamen door liefde en door tegenover hen te zitten. De leerlingen kenden geen vermoeidheid. Ze ontwikkelden zich ieder moment.

---

[23] De Vedanga's zijn takken van kennis die een aanvulling op de Veda's zijn.
[24] Verhalende geschiedenis.

Waar liefde is, kan niets ooit een last zijn. Als een ontluikende bloemknop gaat het hart van de leerling door de liefde van de meester open. De genade van de meester stroomt spontaan het hart van de leerling in. De leerlingen in die tijd hoorden niet alleen ieder woord van de meester, ze ervoeren het. Dit was de onderwijsmethode in die dagen. Wat is er nu met ons onderwijssysteem gebeurd?

Van onze kinderen houden

In de oude tijden werden de kinderen naar school gestuurd als ze vijf waren. Tegenwoordig beginnen kinderen vaak aan het alfabet als ze nauwelijks twee en een half zijn. Ze worden voor deze initiatie ook naar Amma gebracht.

Tot hun vijfde jaar moeten we kinderen enkel liefde en vrijheid geven. Hun vrijheid mag niet beperkt worden. Zij moeten vrij kunnen spelen. We moeten ervoor zorgen dat ze zich niet verwonden, dat ze zich bijvoorbeeld niet branden of in het water vallen. Dat is alles. Wat voor streken ze ook uithalen, we moeten van kleine kinderen alleen maar houden. Ze moeten in de schoot van liefde opgevoed worden, zoals ze in de schoot van hun moeder gedragen werden. Maar zo is de situatie nu niet. Velen van hen worden naar school gestuurd, wanneer ze te jong zijn en ze ervaren alleen maar spanning. Het is als het brengen van wormen in bloemknoppen die tot prachtige, geurige bloemen horen open te gaan. Zelfs als de door wormen aangetaste knoppen bloeien, zullen ze misvormd zijn. Wanneer de kinderen opgroeien, blijft hun geest onvolgroeid door de onnodige lasten die ze gedwongen worden te dragen. Wil dit veranderen, dan moeten de ouders eerst enig inzicht in spiritualiteit krijgen en dit moeten ze dan aan hun kinderen doorgeven. Iedereen moet de rol van spiritualiteit in het leven kennen. Materieel onderwijs helpt ons om een baan te krijgen, zodat we onze maag kunnen vullen, maar het leven wordt niet alleen daardoor tot vervulling gebracht.

Spiritualiteit, de volheid van het leven

Het leven wordt alleen perfect als we spiritualiteit in ons opnemen. De afwezigheid van spiritualiteit is de oorzaak van de huidige problemen. Zonder spiritualiteit kunnen we de onrust in de wereld niet elimineren.

Onlangs pleegde een zeer beroemde filmactrice zelfmoord. Ze had kennelijk niemand die van haar hield. Als je geen liefde ontvangt van de persoon van wie je het verwacht, heeft het leven geen zin meer. Zo is het in de wereld van vandaag. Maar dit zal niet gebeuren als je de spirituele principes in je opneemt. Dit begrip zal ons leren wat echte liefde en leven zijn. Thans probeert niemand het *dharma*, dat naar onsterfelijkheid leidt in plaats van naar de dood, weer tot leven te brengen of te volgen Maar de mensen storten wel tranen en klagen dat het leven hun alleen verdriet brengt. Ze plegen zelfmoord of verwerpen *dharma* als te ouderwets. Laten we in plaats van dit te zeggen proberen om volgens *dharma* te leven. Dan zullen we beseffen wat het leven echt is, wat geluk en schoonheid echt betekenen.

Breng koele lucht in de geest

Mijn kinderen, terwijl de wetenschap voor koele lucht in de uiterlijke wereld zorgt, doet spiritualiteit dat in de innerlijke wereld. Spiritualiteit is de kennis die de geest koelte brengt. Spiritualiteit heeft niets te maken met blind vertrouwen. Het is het principe dat duisternis verwijdert.

Als je chocolaatjes in je ene hand en een gouden munt in je andere hand houdt en die aan een kind laat zien, welke hand kiest het kind dan? Die met de chocolade. Het kind begrijpt niet dat je met die ene gouden munt veel chocolaatjes kunt kopen. Zo zijn wij nu ook. Door de aantrekking van de materiële wereld verliezen we ons besef van de realiteit.

God is de zoetheid waarmee we nooit verzadigd raken. God is de bron zowel van bevrijding als wereldse voorspoed. Tegenwoordig loochenen mensen God en rennen materieel gewin achterna dat slechts een paar momenten duurt. Het resultaat kan alleen maar teleurstelling zijn. Ieder moment dat je je toevlucht bij God zoekt, is gelukzaligheid en welvaart. Niets staat daaraan gelijk. De tijd die je besteedt aan meditatie over God, is nooit verspild. Nooit is er iemand die over God mediteert, van honger omgekomen. Je moet dus nooit denken dat meditatie verlies is. We moeten dit pad weer tot leven brengen. We moeten anderen aanmoedigen dit pad te volgen. Dit kan nooit een verlies lijdende zaak zijn, je hebt er alleen maar voordeel van.

God is ervaring

Alleen door meditatie kunnen we God, die in ons is, bereiken. Je kunt niet zeggen hoe mooi of geurig een bloem is, als hij nog in de knop is. Hij moet bloeien. Mijn kinderen, open de knoppen van jullie hart! Jullie zullen zeker gelukzaligheid kunnen genieten. We kunnen elektrische stroom niet zien, maar we kunnen het ervaren als we een draad aanraken waardoor elektriciteit gaat. God is een *ervaring*. Meditatie is de weg naar die ervaring. Streef daarnaar, mijn kinderen, en jullie zullen zeker slagen.

Waarom?

Veel kinderen komen naar Amma en zeggen: "Amma, ik kan niet lachen. Ik kan met niemand met een open hart praten. Amma, ik ben altijd bedroefd."

Mijn kinderen, vraag je af wat de reden van die droefheid is. Vraag je af: "Wat mis ik dat deze droefheid veroorzaakt? Wat voor last draag ik?" Als jullie dat doen, zullen jullie een antwoord vinden.

Kijk naar de Natuur. Kijk naar die boom, daarginds, hoe gelukzalig hij in de wind wiegt. En kijk naar die vogels. Ze zingen en vergeten al het andere. En dat beekje daarginds, hoe vrolijk het stroomt en melodieus zingt. En die planten, en de sterren, de zon en de maan. Overal is alleen maar vreugde. Als we te midden van al die vreugde zijn, waarom zijn wij dan de enigen die treuren? Waarom zijn alleen wij ongelukkig? Denk hierover na en je zult het begrijpen. Geen van die elementen van de natuur heeft een ego. Alleen wij hebben dat: "Ik ben dit en dat, ik wil dat worden, ik wil dat." Hieraan denken we de hele tijd. Maar dit 'ik' waardoor we zo in beslag genomen worden, zal ons niet vergezellen wanneer we sterven. Er valt niets te winnen met dit ik-besef. Als we dat ik vasthouden, zal er alleen lijden zijn. Dus, mijn kinderen, geef dat ik op en sta op! Dan zullen jullie gelukkig en blij zijn. Wees gelukkig, mijn kinderen. Alleen dit moment is van ons. We kunnen er niet zeker van zijn dat we de volgende keer in zullen ademen. Probeer dus blij te zijn zonder een moment te treuren. Maar dit is niet mogelijk zonder het ik-besef op te geven.

Dit is een weldadige gift die de oude *Rishi's* ons in hun goedgunstigheid gegeven hebben. Mijn kinderen, begin te leven in overeenstemming met deze kennis zonder ook maar een moment te verliezen. Anders is dit leven zinloos. Denk niet dat je dit morgen kunt doen, want morgen is slechts een droom. Zelfs nu leven we in een droom; dat is alles wat het is. Terwijl een gewone droom in één nacht eindigt, is dit een lange droom. Alleen door uit deze droom te ontwaken kunnen we weten wat de werkelijkheid is. En dan zullen we in God ontwaken. We moeten hier zeker van zijn, want alleen dan kunnen we uit deze droom wakker worden. Ieder voorbijgaand moment is uiterst kostbaar en mag niet verspild worden. Het is dwaasheid om ons ontwaken tot morgen uit te stellen en weer in de droom weg te zinken. Morgen is een vraag zonder antwoord. Het is als vier en vier optellen en zeggen dat het gelijk is aan negen; het zal nooit negen zijn. Niets is kostbaarder dan dit moment dat we nu hebben. Laat het nooit verloren gaan. Mijn kinderen, grijp het huidige moment en leer om met een open hart te lachen. Probeer ervoor te zorgen dat de glimlach op je lippen nooit verflauwt. Probeer niemand te schaden in gedachte, woord of daad.

Maak dit een moment van gelukzaligheid

Tegenwoordig gaat onze geest uit naar het verleden en naar wat nog moet komen. Daarom missen we het huidige moment, dat bedoeld is om van te genieten.

Een man kocht wat ijs en plaatste het voor zich, klaar om het op te eten. Hij stopte een lepel ijs in zijn mond en begon te denken:"Ik heb een beetje hoofdpijn. Het is vanochtend begonnen. Het restaurant waar ik gisteravond gegeten heb, was niet schoon. Al het eten werd buiten in de open lucht bewaard. Misschien is er een hagedis of iets anders in het eten gevallen. Die juwelenwinkel naast het restaurant, er waren daar zoveel mooie dingen uitgestald. En de kleren in de etalage aan de overkant waren zo modieus. Zal ik me zulke dingen ooit kunnen permitteren? Ik kan van mijn huidige salaris nauwelijks rondkomen. Wat een leven is dit geworden! Was ik maar in een rijke familie geboren. Had ik maar meer op school geleerd. Maar het is eenvoudig niet gebeurd." Hij bleef zo denken terwijl hij zijn ijsje at. Hij was zich er zelfs niet bewust van hoe het ijs smaakte. Zijn geest was ergens anders. Op die momenten was hij zo goed als dood. Doordat hij piekerde over het verleden en wat nog moest komen, miste hij de prachtige momenten die hij gekregen had om van te genieten. Daarom zegt Amma dat het verleden als een afgeschreven cheque is. Het is zinloos om over het verleden te denken. Over het verleden tobben is als het omhelzen van een lijk. De mensen die dood zijn, zullen nooit naar ons terugkomen. De tijd die voorbij is, keert niet terug. Evenzo is het zinloos om te denken aan wat er in de toekomst kan gebeuren, want ook dat is alleen maar een droom. Het kan wel of niet gebeuren. Alleen dit moment is nuttig.

Het is als het geld dat we beschikbaar hebben. We kunnen het op iedere manier gebruiken die we willen, maar als we het onzorgvuldig uitgeven, hebben we er geen enkel profijt van. Het geld is verspild. Daarom moeten we het weloverwogen uitgeven. We moeten bij iedere stap onderscheid maken. Alleen dan kunnen we dapper verdergaan op onze weg van activiteit. We moeten een resoluut besluit nemen om dit principe in ons op te nemen.

De behoefte aan onbaatzuchtige activiteit

Globaal genomen gebeuren er twee dingen in het leven: we verrichten activiteit en we genieten de resultaten daarvan. Als we positieve handelingen verrichten, zullen de resultaten goed zijn, terwijl uit negatieve handelingen alleen slechte resultaten komen. Iedere handeling moet daarom met grote zorg verricht worden.

Sommige mensen proberen mensen die handelen, te ontmoedigen. Ze hebben boeken over Vedanta gelezen en zeggen: "Is er niet slechts één Zelf (*Atman*)? Welk ander Zelf kan dit Zelf dan dienen?" Maar we kunnen zien dat ook degenen die deze vraag stellen, erg aan hun lichamelijke behoeften gehecht zijn. Ze wachten vol verlangen tot het één uur is zodat ze hun middagmaal kunnen eten. Ze voelen zich niet op hun gemak en worden boos als ze hun eten niet precies op tijd krijgen. Waar is hun kennis van het Zelf gebleven als ze honger hebben? Ze vragen niet: "Waarom heeft het Zelf eten nodig?" Ze sluiten geen compromis als het lichamelijke behoeften betreft als eten, slapen, goede kleren dragen, enzovoorts. Ze zijn alleen afkerig als het goed doen voor anderen betreft. Dit is niet de echte Vedantische visie. Het is alleen de redeneertrant van luie mensen die lanterfanten en niets doen. Het heeft totaal geen nut voor ons. Echte kennis zit niet in de activiteit als zodanig, maar in de vrijheid van activiteit: dat men voelt dat men echt niets doet, zelfs wanneer men handelt.

De waarheid is dat we nog geen moment niets kunnen doen. Als we lichamelijk niet actief zijn, zijn we mentaal actief. Als we slapen, handelen we in onze dromen. En de ademhaling en andere lichamelijke processen gaan vanzelf door. Het is niet mogelijk activiteit te vermijden. Dus waarom doen we dan niet iets wat op de een of andere manier voor de wereld van nut is? En is het verkeerd als dit toevallig lichamelijk werk is? Onbaatzuchtige activiteit verzwakt onze aangeboren ongewenste neigingen. Alleen als onze gedachten, woorden en daden goed zijn, kunnen we de neigingen overwinnen die we tot nu toe verzameld hebben.

In de oude tijd gaven de spirituele meesters taken, zoals brandhout verzamelen, planten water geven en kleren wassen, aan de leerlingen die naar hen toe kwamen om Vedanta te bestuderen. Onbaatzuchtig dienen is essentieel voor het overstijgen van egoïsme en gehechtheid aan het fysieke lichaam. Niemand mag dus werkeloos zijn of hen die werken ontmoedigen.

Mensen bij wie compassie in het hart opkomt als ze het lijden van anderen zien, kunnen niet werkeloos blijven en niets doen. Gods genade stroomt alleen naar het hart dat zulk mededogen heeft. Als goddelijke genade toevallig op een plaats komt waar geen compassie is, heeft het geen nut. Het is als melk in een vieze pot gieten. Innerlijke zuiverheid kan alleen bereikt worden door activiteit te verrichten die anderen ten goede komt.

Er was eens een koning die twee zonen had. De tijd was gekomen dat de koning naar het bos zou gaan om het leven van een kluizenaar[25] te leiden. Wie van zijn zonen zou zijn opvolger worden? Hij vond dat degene die van de mensen hield, koning moest worden. Het was moeilijk voor hem om te beslissen. Hij bracht zijn zonen naar zijn spirituele meester, die in de toekomst kon zien, en hij legde zijn wens aan de meester uit. De meester luisterde en zei: "Over een paar dagen ga ik naar een eiland in de buurt. Zend de prinsen daarheen. Ze mogen niet te paard komen

---

[25] Vanaprastha, het derde levensstadium.

of vervoermiddelen gebruiken. Zend ook geen dienaren met hen mee. Geef hun alleen wat voedsel voor onderweg."

Op de dag die de meester had aangegeven, stuurde de koning de twee prinsen naar het eiland. Zoals de meester geïnstrueerd had, zond hij hen zonder vervoer of gevolg. De oudste prins vertrok als eerste. Onderweg kwam er een bedelaar naar hem toe en smeekte: "Ik kom om van de honger! Ik heb al twee dagen niets gegeten. Alstublieft, geef me iets te eten!" De prins vond dit helemaal niet leuk. Hij voer uit tegen de mensen die aanwezig waren. "Ben ik niet de oudste zoon van de koning? Is het juist om bedelaars mij lastig te laten vallen?" Hij waarschuwde dat dit niet opnieuw mocht gebeuren en vervolgde zijn reis.

Kort daarop kwam de jongere prins over dezelfde weg aanlopen. Dezelfde bedelaar ging naar hem toe en bedelde om voedsel. De prins dacht: "Ik heb vanochtend gegeten. Deze arme man zegt dat hij twee dagen lang niets gegeten heeft. Wat treurig!" De jongere prins zette zijn reis pas voort nadat hij de arme man getroost had en hem zijn voedselpakketje gegeven had.

Om op het eiland te komen moesten de prinsen een rivier oversteken. Toen ze bij de rivier kwamen, kwamen ze een melaatse tegen, van wie het hele lichaam bedekt was met wonden vol pus. De melaatse kon niet zwemmen. Hij riep om hulp om de rivier over te steken. De oudste prins kneep zijn neus dicht tegen de stank van de melaatse en waadde door de rivier.

Maar de tweede prins vond dat hij de melaatse niet aan zijn lot over kon laten. "Arme man," dacht hij. "Als ik hem niet help, wie dan wel?" Hij tilde de melaatse op zijn schouders en waadde door de rivier. Plotseling begon het water te stijgen. Een grote landverschuiving stroomopwaarts had een zeer sterke stroom in de rivier veroorzaakt. De oudere prins kon geen steunpunt voor zijn voeten vinden. Het water steeg snel. Hij probeerde te zwemmen, maar dit lukte niet en hij werd door de stroom meegesleurd.

Hoewel het niveau van het water bleef stijgen, liet de jongere prins de melaatse niet los. Hij probeerde te zwemmen terwijl hij de melaatse droeg. Zijn armen en benen werden zwak. Hij kon niet meer volhouden. Net op dat moment zag hij een ontwortelde boom de rivier afdrijven. Hij kon die pakken en liet de melaatse hetzelfde doen. Door zich aan de boom vast te houden konden ze de overkant veilig bereiken. De prins liet de melaatse toen daar achter en ging naar de spirituele meester.

Het mededogen van de jongere prins kwam als genade naar hem terug in de vorm van de boom die hem redde. Genade stroomt vanzelf naar hen die meedogend zijn. Men kan niet aan een zeer sterke stroming ontsnappen, ook al is men nog zo'n goede zwemmer. Alleen goddelijke genade is dan je toevlucht, en die genade kun je niet krijgen als je geen goede handelingen verricht. Mijn kinderen, al onze activiteit moet vol mededogen zijn.

Genade is nodig voor succes

In kranten zien we vaak advertenties die vacatures aankondigen. De kandidaat moet bijvoorbeeld een doctoraal hebben, een bepaalde lengte hebben, een gezondheidscertificaat van een dokter kunnen tonen en ook een referentie. Alleen zij die aan deze voorwaarden voldoen, kunnen solliciteren. Als het geschreven examen en het sollicitatiegesprek voorbij zijn, blijkt dat sommige mensen die alle vragen juist beantwoord hebben, niet voor de baan geselecteerd zijn, terwijl andere mensen die de vragen helemaal niet goed beantwoord hebben, wel geselecteerd zijn.

Dit komt dikwijls voor. Wat is de reden? Degenen die niet geselecteerd zijn, hadden niet de genade die het hart van de interviewer deed smelten, terwijl zij die deze genade wel hadden, de baan kregen, hoewel sommige van hun antwoorden verkeerd waren. Dus bij iedere inspanning hangt succes ook van genade af. Bij alles wat we ondernemen bereiken we alleen perfectie als die genade er is naast alle menselijke inspanning. Alleen dan kan het leven verder stromen. Maar die genade kunnen we niet krijgen als er geen zuiverheid in ons handelen is.

Alleen geven aan hen die het verdienen

Negentig procent van Amma's kinderen die hier vandaag bijeengekomen zijn, hebben spiritualiteit niet goed begrepen. Iedereen kan dingen alleen in overeenstemming met zijn gedachtekracht en *samskara* in zich opnemen. Het is daarom nodig om aan te sluiten bij iemands niveau wanneer we dingen uitleggen. We kunnen iedereen niet hetzelfde advies geven. Dezelfde woorden zullen door verschillende mensen verschillend begrepen worden. Daarom wordt er gezegd dat men de luisteraar moet kennen voordat met spirituele instructies geeft.

Veronderstel dat de schoenen in een schoenenwinkel allemaal dezelfde stijl en maat hebben. Zelfs als er honderd klanten komen, is er slechts een maat beschikbaar. Die winkel heeft niet veel nut, zelfs als men grote voorraden schoenen heeft. Er moeten verschillende maten zijn, zodat mensen de maat die hen past kunnen kiezen. Onze cultuur, Sanatana Dharma[26] (het Eeuwige Principe) heeft plaats voor de vele verschillende wegen. Wil men mensen met een verschillende culturele achtergrond verheffen, dan moet ieder van hen geleid worden over een pad dat bij zijn specifieke geest en omstandigheden in het leven past. Alleen dan kunnen we hen naar het doel brengen.

Er is één Waarheid, de wijzen geven die verschillende namen

Het hindoeïsme verwijst naar veel verschillende godheden. De rituelen en plechtigheden in verschillende delen van India verschillen van elkaar. De mensen in India zijn in verschillende culturen opgegroeid. Dit land is door heersers uit verschillende landen geregeerd. Daardoor ontstonden er verschillende manieren van aanbidding

---

[26] Sanatana Dharma is de traditionele naam van het hindoeïsme.

die pasten bij de verschillende culturen en godheden. Maar de Bewustzijnskracht die in hen alle bestaat, is één en hetzelfde. Of je groene, blauwe of rode zeep gebruikt, het schuim is wit. Zo ook is de Bewustzijnskracht van de verschillende goden hetzelfde. Het is deze Bewustzijnskracht, deze ene God, die we moeten realiseren. Hij bestaat ook in ons. Hij is overal aanwezig. Hij is aanwezig in de zingende koekoek, de krassende kraai, de brullende leeuw en de donderende oceaan. Het is dezelfde kracht die door onze ogen ziet, door onze oren hoort, door onze tong proeft, door onze neus ruikt en door onze huid voelt, die onze benen kracht geeft als we lopen. Het is deze kracht die alles vult. Die moeten we ervaren.

Bevorder een houding van overgave

Onze devotie moet niet lijken op de toestand van een apenbaby. De apenbaby houdt zich aan de buik van zijn moeder vast. Als de moeder van de ene boomtak naar de andere springt en de baby zijn greep verliest, valt hij op de grond. Ons gebed moet zijn: "Moeder, houd mij vast!" We moeten dat gevoel van overgave hebben. Dan valt er niets te vrezen. Ook al verslapt onze greep, de stevige greep van de Allerhoogste zal ons beschermen.

Een jong poesje kan alleen miauwen. Zijn moeder pakt het met haar bek op en brengt het naar een veilige plaats. Het poesje hoeft niet bang te zijn, omdat zijn moeder hem niet los zal laten. We moeten bidden: "Moeder, houd mijn hand vast en leid me!" Zolang zij ons leidt, kunnen we niet in een gat of sloot vallen. Ze laat ons niet verdwalen te midden van ons speelgoed (wereldse attracties). Ze zal ons naar het doel leiden. We moeten deze houding ontwikkelen.

De oefening van het herhalen van een mantra

Het herhalen van een mantra is een spirituele oefening die we gemakkelijk en altijd kunnen doen. Mijn kinderen, jullie zijn hier met de bus gekomen. Kunnen jullie je mantra niet herhalen vanaf het moment dat jullie de bus instappen totdat jullie hier aankomen? En ook op de terugweg? Waarom maken we er geen gewoonte van om onder het reizen onze mantra te herhalen? Waarom zouden we onze mentale vrede en gezondheid ruïneren door in die tijd over andere dingen te praten? Door een mantra te herhalen krijgt men niet alleen innerlijke vrede, maar ook materieel voordeel. We krijgen niet alleen God, maar ook Gods pracht.

De mensheid dienen is Amma dienen

Als gevolg van de inspanningen die al Amma's kinderen zich getroost hebben, heeft onze ashram het geluk gehad dat ze in korte tijd veel hulp heeft kunnen geven. Als jullie je zinnen erop zetten, kunnen we nog veel meer voor de wereld doen. Zodra het bekend werd dat we van plan waren om 25.000 huizen voor de armen te bouwen, kregen we meer dan 100.000 aanvragen van mensen die een huis wilden. De meeste aanvragers komen voor een huis in aanmerking. Als Amma's kinderen beslissen om te helpen, kunnen we een huis bouwen voor iedereen die geen plaats om te slapen heeft. Daar bestaat geen twijfel over. Het geld dat je iedere dag te veel uitgeeft, is genoeg om dit tot stand te brengen.

"Vanaf vandaag zal ik niet meer roken. Ik houd op met alcohol drinken. In plaats van ieder jaar tien stel kleren te kopen, koop ik er negen." Mijn kinderen, maak dit soort beslissingen en gebruik het extra geld om huizen voor de armen te bouwen. Dan zijn er over tien jaar nergens in het land meer sloppenwijken. Er komen moeders naar Amma die zeggen: "Amma, het regende de afgelopen nacht en onze hut lekte overal. Om te voorkomen dat de baby doornat werd, moest ik een mat (gemaakt van geweven stro of plastic) boven haar hoofd houden." Stel je dat eens voor, mijn kinderen: de moeder die vanwege de harde regen de hele nacht wakker blijft en een mat boven haar baby houdt zodat die kon slapen zonder in de lekkende hut kletsnat te worden. Tegelijkertijd zijn er mensen die duizenden aan alcohol en drugs uitgeven.

Waarom heeft Amma besloten om zoveel huizen te bouwen? Omdat ze aan het lijden van haar kinderen dacht. Ze dacht aan niets anders. Als we alle andere dingen die we gedaan hebben, in zo'n korte tijd konden doen, is ook dit mogelijk. We hebben 100.000 aanvragen ontvangen. We kunnen 5.000 huizen per jaar bouwen. Als jullie het allemaal willen, kunnen we zelfs meer doen. Heeft Amma niet ontelbare kinderen? Als je twee jaar niet rookt, kunnen we één huis bouwen met het geld dat je uitspaart. Slechts twee kamers zijn genoeg voor een gezin om in te slapen zonder door de regen gestoord te worden. Mijn kinderen, denk hieraan wanneer jullie onnodig geld uitgeven.

Sommigen van jullie gebruiken alcohol, *ganja* (hasjiesj) enzovoorts. Mijn lieve kinderen, als jullie dat doen, drinken jullie bloed en tranen, het bloed en de tranen van de moeders, echtgenotes[27], kinderen en broers en zussen in jullie familie! Mijn kinderen, bid tot God om de kracht om van zulke slechte gewoonten af te komen! Amma's voedsel is de geest van haar kinderen die vrij zijn van jaloezie en wrok. Als jullie een dergelijke geest hebben, dan is dat een vreugde voor Amma. Bid dus tot God, mijn kinderen, om vrij te zijn van alle jaloezie en om de kracht te verkrijgen om positieve dingen te doen. Bid om de kracht om van jullie slechte gewoonten af te komen. Bid om een geest die alleen het goede in alles ziet, als een bij die alleen van de honing in iedere bloem geniet.

Amma praat altijd over overgave. Wat je ook doet, probeer het als een offergave aan God te doen. Bid dat jullie alles als Gods wil kunnen zien. Zo'n overgave moet het doel van ons leven zijn.

---

[27] In Kerala is het zeer ongebruikelijk dat Indiase vrouwen roken of drugs gebruiken.

Amma zingt bhajans tijdens de viering van haar verjaardag.

Een ideaal voor een vrij India

Amma's verjaardagsboodschap in 1997

Ik groet jullie allemaal, die werkelijk de belichaming van Liefde en het Hoogste Zelf zijn. Al mijn kinderen zijn hier met geduld en enthousiasme samengekomen. Als jullie deze eigenschappen in je hele leven kunnen volhouden, zal alles naar je toe komen, omdat geduld en enthousiasme je succes in het leven geven. Sommige mensen zijn enthousiast maar hebben geen geduld. Anderen zijn geduldig, maar missen enthousiasme. Negentig procent van de jonge mensen zijn enthousiast, maar we zien niet veel geduld in hen. Ze zijn gehaast en doen dingen in een opwelling. Door hun gebrek aan geduld bereiken ze vaak hun doel niet. Daarentegen zijn mensen in de zestig of zeventig vaak erg geduldig. Door hun levenservaring hebben ze eigenschappen als geduld, onderscheidingsvermogen en intelligentie verworven, maar ze hebben niet veel enthousiasme. Als je hun de reden hiervan vraagt, zeggen ze: "Mijn lichaam heeft zijn kracht verloren. Ik kan me niet meer bewegen zoals ik zou willen." Dit is wat we deze dagen zien.

Kijk naar een klein kind. Het is enthousiast en geduldig. Het probeert te gaan staan, valt en probeert het opnieuw. Het weigert op te geven, zelfs als het zich al doende bezeert. Uiteindelijk lukt het om te staan door haar ononderbroken inspanning en doordat het zijn geduld en enthousiasme niet verloor. Het kind weet dat zijn moeder er is om hem te beschermen, het bloed af te vegen en indien nodig zalf op een wond te doen. De peuter heeft er vertrouwen in dat hij zal slagen omdat zijn moeder in de buurt is en altijd beschikbaar om het kind bij zijn pogingen te helpen. Geduld, enthousiasme en optimisme, deze drie eigenschappen moeten de mantra's van ons leven zijn. Op ieder gebied kunnen we zien dat degenen die vertrouwen hebben, slagen terwijl degenen die geen vertrouwen hebben, hun kracht verliezen.

Een schoenenbedrijf stuurde twee mannen naar een afgelegen dorp om daar zijn producten te verkopen. Binnen een paar dagen stuurde de ene verkoper een boodschap terug naar het bedrijf: "De mensen hier zijn allemaal inboorlingen. Ze weten niet wat schoenen zijn. Het is onmogelijk hier iets te verkopen, dus ik kom onmiddellijk terug." Maar de boodschap van de andere verkoper was heel anders. Hij schreef: "De mensen hier zijn inboorlingen. Ze weten niet wat schoenen zijn. Ze lopen en slapen in het vuil. Als we hun het voordeel van het dragen van schoenen leren, kunnen we hun veel sandalen verkopen. Stuur dus meteen een lading sandalen!" De verkoper met optimistisch vertrouwen had succes.

Als we het vertrouwen hebben dat God altijd bij ons is om ons in iedere crisis te helpen, krijgen we de energie en het enthousiasme die we nodig hebben om iedere hindernis in het leven te overstijgen, en zal ons optimisme om te slagen nooit verdwijnen.

Rama, Krishna, Christus en Mohammed werden allemaal met veel hindernissen geconfronteerd, maar ze verloren de moed nooit. Ze keken nooit om. Ze bleven vooruitgaan. Als gevolg daarvan hadden ze altijd succes. Ze blijven leven, tot op de dag van vandaag. Als Amma dit zegt, denken jullie misschien: "Maar waren zij niet allemaal *avatars*?[28] Zij konden die dingen doen, maar hoe kunnen gewone mensen als wij zoals zij zijn?" Mijn kinderen, niemand van jullie is een gewoon iemand! Ieder van jullie bezit buitengewone vermogens. Er is oneindig veel kracht in ons, maar die slaapt op het moment. We moeten die alleen maar wakker maken. Dan is de overwinning zeker.

---

[28] Incarnaties van het Hoogste Wezen.

Genade ontvangen

Ons lichaam is gegroeid, maar onze geest is niet gegroeid. Wil onze geest zo groot worden als het universum, dan moeten we als kinderen worden. We moeten het kind in ons wakker maken. Alleen een kind kan groeien. Wat we nu in ons hebben is het ego en aan dat ik-besef hebben we niets. Het moet verdwijnen en een gevoel van oneindigheid moet daarvoor in de plaats komen. Van God houden betekent respect voor alles voelen. Het betekent niet alleen maar dat we bidden. God is niet iemand die hoog in de hemel zit. God verblijft in ieder van ons en dit bewustzijn moeten we ontwikkelen. Het belangrijkste ingrediënt hiervoor is nederigheid. We moeten leren om altijd de houding van een beginneling te hebben, omdat er dan geen verwaandheid is. Maar om dit te doen moeten we iets heel groot opgeven, we moeten het 'ik' opgeven. Het ik-besef is het obstakel voor alles. Door dat los te laten verzekeren we ons van succes in het leven. Men zegt dat voor ieder succes Gods genade belangrijker is dan de inspanning die we leveren. Ons ego is het obstakel voor die genade. We moeten dus op de een of andere manier van ego opgeven. Onze verzaking zal ons groot maken.

Maar om voor genade in aanmerking te komen moeten we goed *karma* creëren. We zeggen altijd: "Geef me dit! Geef me dat!" maar we hebben niet geleerd om "Dankjewel!" te zeggen. We moeten leren om onder alle omstandigheden dankbaarheid te tonen. In plaats van te denken aan wat we van anderen kunnen krijgen moeten we altijd denken aan wat we voor anderen kunnen doen. Dit is de houding die we moeten bevorderen.

Een man ging een vriend in zijn nieuwe huis opzoeken. Toen hij aankwam, stond hij een tijdje buiten van de schoonheid van de grote villa te genieten. Toen de eigenaar naar buiten kwam om hem te begroeten, vroeg hij verbaasd: "Hoeveel mensen wonen er in dit huis?"

"Ik woon hier alleen," antwoordde zijn vriend.

"Woon je hier alleen! Is dit jouw huis?"

"Ja."

"Hoe ben je aan het geld gekomen om zo'n huis op zo'n jonge leeftijd te bouwen?"

"Mijn oudere broer heeft dit voor me laten bouwen. Hij heeft veel geld."

Toen de bezoeker niets meer zei, zei zijn vriend: "Ik weet wat je denkt. Wil je niet dat je ook zo'n broer had?"

"Nee," zei de bezoeker, "Ik dacht dat ik ook zo'n huis weg had kunnen geven, als ik maar zo rijk was als je broer."

Mijn kinderen, zo'n houding moeten we hebben, de houding dat we willen geven. Alleen zij die geven, kunnen ontvangen. Door te geven krijgen we innerlijke rust.

Er bevinden zich veel soorten golven in de atmosfeer om ons heen. Gedachten zijn ook golven. Daarom zeggen we dat iedere gedachte en ieder woord met zorg uitgedrukt moeten worden. Men zegt dat een schildpad haar eieren uitbroedt door haar gedachten, een vis door haar blik en de hen door lichamelijk contact. Onze gedachtegolven zijn ook krachtig. Als we op iemand kwaad worden die niets verkeerd gedaan heeft, voelt hij zich gekwetst en zegt: "O God, ik weet hier niets van! Waarom zeggen ze dit allemaal?" De golf van verdriet die van die persoon komt, zal ons bereiken en opgevangen worden door de subtiele aura die ons omgeeft. Onze aura zal het absorberen. Het zal onze aura donker maken zoals rook een spiegel bedekt. Zoals rook verhindert dat er licht op een spiegel valt, zo belet de duisternis veroorzaakt door die golf van verdriet, dat wij goddelijke genade ontvangen. Daarom worden van ons gevraagd dat wij slechte gedachten opgeven en gedachten over God bevorderen. Door God voortdurend in onze herinnering te houden worden we als God.

Sommige mensen denken: "Ik zal goed worden, wanneer de anderen goed worden." Dit is alsof je van plan bent om in de oceaan te zwemmen, nadat alle golven tot rust gekomen zijn. We moeten geen gelegenheid voorbij laten gaan om goed voor anderen te doen, om anderen te helpen. De gedachte dat mensen ons niets teruggegeven hebben, mag ons er nooit van weerhouden goed voor anderen te doen.

We moeten compassie in ons laten groeien. Compassie moet door al onze gedachten en woorden heen schijnen.

Activiteit en de resultaten ervan

Soms wordt er gezegd dat ons leven als onze ogen moet zijn, omdat onze ogen zich eraan aanpassen of een voorwerp dichtbij of ver weg is. Op die manier kunnen we dingen zien. Op dezelfde manier moeten we een geest ontwikkelen die zich aan iedere situatie in het leven aan kan passen. Dit wordt mogelijk door spiritualiteit. We hebben vrede in ons hart nodig, zodat we ons aan verschillende situaties aan kunnen passen. Alleen door meditatie kunnen we echte vrede vinden.

Op dit moment zijn we als gehoorzame machines. Dit is niet wat we horen te zijn. We moeten wakker zijn en een besef van onderscheid hebben. Als het gewone leven als autorijden op de weg is, is het spirituele leven als het besturen van een vliegtuig. De auto's op de weg kunnen zich alleen op de grond bewegen, ze kunnen nog geen klein beetje van de grond afkomen. Maar vliegtuigen zijn anders, want zij bewegen zich op de grond en stijgen dan tot grote hoogte op. Als wij tot grote hoogte opstijgen, krijgen we de kracht om alles als een getuige waar te nemen.

Veel mensen zeggen dat ze niet iets doelbewust verkeerd hebben gedaan en toch moeten ze lijden ondergaan. Eén ding is zeker: we ervaren alleen de resultaten van wat we gedaan hebben. We kunnen dit nooit vermijden. Als een kalf te midden van duizend koeien wordt vrijgelaten, zal het zijn moeder vinden en naar haar toe gaan. Op dezelfde manier komen de resultaten van ons handelen naar ons, en naar ons alleen. God heeft niemand geschapen om hem alleen maar te straffen. Er waren drie zonen in een gezin. Hun ouders stierven. De jongens waren allemaal afgestudeerd aan een universiteit, maar hadden nog geen werk gevonden. Een rijke man kreeg medelijden met hen. Hij nodigde hen bij hem thuis uit en gaf ze werk. Ze kregen alle drie dezelfde betrekking. Een van hen begon steekpenningen aan te nemen. De baas waarschuwde hem meerdere malen, maar hij wilde niet luisteren. Omdat hij dus niet voor een hoge positie geschikt was, werd hij uit die betrekking ontslagen en kreeg hij het werk van een kruier. De tweede broer was gedisciplineerd en eerlijk. Maar precies op het eind van iedere maand kwam hij zijn salaris innen; daarmee wachtte hij zelfs geen dag. Omdat hij gedisciplineerd en oprecht was, bevorderde de baas hem. De derde broer was niet als de andere twee. Net als de tweede broer deed hij het werk dat hem was toevertrouwd, eerlijk en gedisciplineerd. Maar hij wees het salaris af dat hem aan het eind van de maand werd aangeboden en zei: "U hebt me dit werk en een huis gegeven. U geeft me voedsel, kleding en alles wat ik nodig heb. Waarom heb ik dan een salaris nodig?" Enige tijd later overleed de rijke man. In zijn testament liet hij al zijn rijkdom na aan de jongeman die werkte zonder een salaris te accepteren. Uiteindelijk werd degene die eerlijk werkte naar een hogere positie gepromoveerd. Degene die steekpenningen aannam en oneerlijk was, kreeg de lagere baan van kruier. Maar degene die in overeenstemming met de wensen van zijn weldoener werkte, met de houding dat hij niets voor zichzelf wilde, erfde uiteindelijk alles. Onze positie is ook zo. Wat we ervaren zijn de resultaten van onze handelingen.

Er gebeuren slechts twee dingen in het leven: we verrichten activiteit en we genieten van de resultaten. Positieve handelingen geven goede resultaten en negatieve handelingen geven slechte resultaten. Activiteit is niet alleen wat we met onze handen en voeten doen. Gedachten zijn ook activiteit. Kwaadspreken over anderen is negatieve activiteit en het resultaat is ellende.

Maar als we lijden, moeten we niet treuren en denken dat we zondaars zijn. We moeten ons realiseren dat we nu de resultaten van onze negatieve activiteit in het verleden ervaren en dat we die niet moeten herhalen. We moeten het besluit nemen om de rest van ons leven te vullen met positieve activiteit. Veroordeel jezelf niet als zondaar, nietsnut enzovoorts. Laat alles aan de Goddelijke Wil over en leid een leven vol compassie en dienstbaarheid. Dit is de gemakkelijkste manier om vrede in het leven te krijgen.

Mijn kinderen, jullie moeten weten dat niets volgens onze wil gebeurt. Als we tien eieren laten uitkomen, zullen we zien dat ze niet allemaal uitkomen zoals ze horen te doen. Zoiets gebeurt nooit. Als onze wil zou domineren, zouden alle tien eieren goed uitkomen. We moeten een houding ontwikkelen die alles aan Gods wil overlaat, de houding van overgave. Dit moet ons doel in het leven zijn.

Sommige mensen vragen: "Heeft jouw Krishna ons niet gezegd dat we zonder betaling moeten werken?" Helemaal niet. Wat de Heer zei was dat de resultaten van onze activiteit niet hoeven te zijn wat wij verwachten, en dat we dus teleurgesteld zullen zijn als we onze zinnen op de resultaten van onze handelingen zetten. Hij heeft niet gezegd dat we zonder betaling moeten werken. Hij vroeg ons om de houding van overgave te ontwikkelen zodat we de juiste beloning zullen ontvangen.

Men zegt dat het leven vol geluk en verdriet is. Het leven is als de slinger van een klok. De slinger zwaait uit naar geluk, maar blijft daar niet. Hij slingert terug naar verdriet. Spiritualiteit brengt de twee in harmonie. Zij die kunnen zwemmen, genieten van de golven in de oceaan, terwijl zij die niet kunnen zwemmen, door de golven bezwijken. Als we de principes van spiritualiteit kennen, blijven we onder alle omstandigheden in het leven glimlachen en zullen we zeker het doel bereiken. Krishna gaf ons raad hoe we het doel kunnen bereiken zonder onderweg in te storten.

Huwelijksliefde

Allerlei mensen komen naar Amma met verschillende problemen. Talloze gezinsproblemen ontstaan uit zeer triviale kwesties. Met

een beetje geduld zouden de meeste problemen opgelost kunnen worden. Eens kwam er een echtpaar met moeilijkheden naar Amma. De vrouw verloor af en toe haar mentale evenwicht een klein beetje en naderhand herinnerde ze zich niet wat ze had gezegd. Dit gebeurde wanneer ze onder spanning stond. Maar zij hield echt van haar man. Amma wist dit en zei tegen de man: "Mijn zoon, je moet gewoon een beetje voorzichtig zijn, dat is alles. Als je vrouw zulke dingen zegt, moet je begrijpen dat het door haar ziekte komt en je moet het haar vergeven. Langzaamaan zal ze beter worden." Maar de man accepteerde dat niet. Hij zei: "Waarom zou ik voor haar zwichten? Is ze niet mijn vrouw?" Dat was zijn houding. En wat gebeurde er dus? De onenigheid in het gezin werd erger en de ziekte van de vrouw werd erger. Haar familieleden namen haar mee en het leven van de man lag in puin. Hij begon te drinken en verdronk al zijn geld. Het leven werd een hel voor hem. Als hij wat meer begrip voor de ziekte van zijn vrouw gehad had en meer liefde en geduld getoond had, zou dit allemaal niet gebeurd zijn. Dus, mijn kinderen, jullie moeten proberen iedere situatie te begrijpen op je weg door het leven.

Wanneer Amma in het buitenland reist, vragen de mensen daar soms "Worden vrouwen in India niet als slaven behandeld?" Amma zegt tegen hen: "Helemaal niet. In India is de relatie tussen man en vrouw gebaseerd op liefde." Men zegt dat een vrouw drie eigenschappen of aspecten moet hebben: die van een moeder, een vriendin en een echtgenote. Alle drie moeten aanwezig zijn. Het is verkeerd om te zeggen dat een echtgenote alleen één bepaalde eigenschap mag hebben. Een vrouw mag niet als een boom zijn die in een bloempot (haar man) wordt gekweekt, omdat de boom in zo'n pot niet tot de hemel kan groeien. Zo'n boom raakt verzwakt omdat zijn wortels steeds opnieuw worden weggesnoeid. Geen vogel kan zich op zijn takken nestelen en er groeien geen vruchten aan. Een boom die op die manier gekweekt wordt, heeft geen kracht. Maar verplant hem in de aarde en je zult zien hoe hij groeit! Je zult de verwezenlijking van zijn volle vermogen zien.

Op dezelfde manier is het niet juist om te zeggen dat de vrouw zwak is. Ze is sterk! We moeten die kracht juist toestaan zich te ontwikkelen en toelaten dat die kracht zichzelf ontdekt in plaats van zijn wortels te snoeien en hem in een pot op te sluiten. Een vrouw die zich tot haar volledige vermogen ontwikkelt, is als een reusachtige, schaduwgevende boom die het gezin, de samenleving en het land beschermt.

Man en vrouw moeten één worden. Dit is de houding die we moeten cultiveren. Het leven is om te delen, niet om te bezitten. Dit herinnert Amma aan een verhaal. Er was eens een man die verslaafd was aan paardenrennen. Hij verloor al zijn geld aan de paarden en zijn zaak mislukte. Hij kwam thuis en zei tegen zijn vrouw: "Mijn onderneming is ten onder. Wat moeten we nu doen?"

Ze zei: "Vanaf nu moet je niet meer naar de races gaan. We kunnen best rondkomen van wat we hebben."

"Okay, maar dan moet jij het kopen van dure kleren opgeven," zei de man.

"Dat is prima," zei zijn vrouw. "We kunnen ons ook niet langer een chauffeur permitteren, maar jij kunt autorijden."

"Dat is waar," stemde de man in. "Ik zal voortaan autorijden. We kunnen ons ook de kok niet meer veroorloven. Ik zal je in de keuken helpen, als je hulp nodig hebt."

De vrouw stemde blij in. Op deze manier deelden ze hun leven. Ze bezuinigden op onnodige uitgaven en compenseerden het verlies dat ze geleden hadden. We moeten voor onszelf een dergelijk leven opbouwen.

Word één van hart – word één. Het leven is niet bedoeld om ons van elkaar te scheiden, elkaar te beschuldigen en te zeggen: "Wie ben jij om mij te zeggen wat ik moet doen?"

Liefde is de rijkdom van India. Liefde is de basis van het leven. Negentig procent van de lichamelijke en mentale problemen die we ervaren, komen voort uit de pijn en het verdriet vanuit het verleden. Ieder van ons gaat met veel ongeheelde wonden door het leven. De medische wetenschap heeft nog geen medicijn gevonden dat die wonden kan genezen. Maar er is een enkel geneesmiddel voor al die wonden: dat we ons hart voor elkaar openen.

Deel je gedachten en gevoelens. Doe moeite om elkaars behoeften te erkennen en vervullen. Mijn lieve kinderen, als wederzijdse liefde en respect zich ontwikkelen, zullen jullie problemen verdwijnen. Liefde is de basis van het leven. De oorzaak van al onze huidige problemen is dat we dit bewust of onbewust negeren. Zoals het lichaam voedsel nodig heeft om te groeien, heeft de ziel liefde nodig. Liefde geeft de baby een kracht en vitaliteit die zelfs moedermelk niet kan geven. Dus, mijn kinderen, houd van elkaar en word één. Dit is Amma's wens. Dit is het ideaal dat Amma's kinderen moeten koesteren.

Gelofte op Onafhankelijkheidsdag

Onlangs vierde India de vijftigste verjaardag van zijn onafhankelijkheid. Amma was toen in het buitenland. Iedere keer als we op weg van de ene stad naar de andere in het vliegtuig stapten, lazen de mensen die met Amma mee vlogen de kranten en zeiden verdrietig tegen haar: "Amma, kijk wat ze over India geschreven hebben! Ze zeggen dat er helemaal geen vooruitgang is, dat er overal hongersnood en vervuiling is. Ze overdrijven de problemen enorm."

Na drie dagen in een bepaalde plaats reisden we verder naar de volgende stad. En in elke kranten in alle vliegtuigen was negatieve berichtgeving over India, die het land afkeurde. Niemand schreef iets positief. Toen we eindelijk in Europa aankwamen, had één krant geschreven, "Je kunt niet zeggen dat er in India geen vooruitgang is. Als we vandaag vergelijken met de dag dat ze onafhankelijk werden, is er wat vooruitgang geboekt." Na zoveel dagen konden we in ieder geval dat lezen.

Wat moeten we dus doen als we de vijftigste verjaardag van India's onafhankelijkheid vieren? Degenen onder jullie die roken, moeten een gelofte afleggen het op te geven. Zij die drinken, moeten een besluit nemen om op te houden met drinken. Als jullie dan samenwerken en het geld dat jullie eerst aan onnodige dingen uitgaven, bijeenleggen, kunnen we de schamele hutten in de dorpen door echte huizen vervangen. We kunnen arme kinderen onderwijs geven. Er zijn zoveel kinderen gedwongen hun onderwijs op te geven omdat ze het niet kunnen betalen. En Amma's tienerkinderen kunnen bijvoorbeeld de goten in de dorpen schoonmaken en helpen de atmosfeer in en rond de dorpen vrij van vervuiling te maken. Als ieder van ons zich op deze manier inzet, zal ons Bharat[29] een land van welvaart worden. We kunnen deze aarde in een hemel veranderen. Als de rijke mensen in dit land anderen willen redden, kunnen ze dat gemakkelijk doen. Maar we zien bijna niemand die zich hiervoor inspant. Dus jullie moeten het voortouw nemen, mijn kinderen!

Zoals Amma eerder gezegd heeft, wees bereid om te handelen zonder verwachtingen omtrent het resultaat. Dit betekent niet dat we alles moeten opgeven. Eet, praat en slaap naar behoefte, maar het is egoïstisch om deze dingen overmatig te doen. Men zegt dat mensen roken en drinken om geluk te ervaren, maar echt geluk ligt in ons en kan niet in uiterlijke voorwerpen gevonden worden. Als we dit eenmaal begrijpen, zal onze verslaving aan die dingen geleidelijk afnemen. Dan kunnen we dat geld opzijzetten om de armen te helpen. We komen dan in aanmerking voor Gods genade en compassie.[30] Ons leven is dan van nut voor anderen. Mijn kinderen, schep in ieder geval van nu af aan geen gelegenheid meer voor mensen in andere landen om ons in hun kranten aan te klagen! Leg deze gelofte vandaag af!

Amma heeft geen belangstelling voor deze verjaardagsvieringen. Begrijp het doel van jullie leven, mijn kinderen! Dat is

---

[29] De traditionele naam van India.

[30] Noot van de uitgever: Amma zegt dat Gods genade ononderbroken naar ons stroomt, maar dat we die genade alleen kunnen ontvangen als ons hart open genoeg is om het te ontvangen. 'In aanmerking komen' is in deze context hetzelfde als een open hart hebben.

nodig. Als iemand oprecht bereid is om daar achter te komen, schenkt dat Amma veel meer vreugde dan een verjaardagsviering.

Er zijn veel mensen naar Amma gekomen die het besluit genomen hebben om een leven van verzaking te leiden. Velen zijn opgehouden met drinken of hebben hun overdreven luxueuze manier van leven opgegeven. Als gevolg daarvan hebben we het grote geluk gehad dat we veel hulp hebben kunnen verlenen. Als jullie allemaal, kinderen van Amma, op dezelfde manier denken, kunnen we deze aarde in de hemel veranderen. Mogen jullie gezegend worden met de mentale kracht om dit te doen.

Amma bidt tijdens de viering van haar verjaardag

Alle levende wezens als je eigen Zelf zien

Amma's verjaardagsboodschap in 1998

Amma groet jullie allemaal, die werkelijk de belichaming van Liefde en het Hoogste Zelf zijn. Mijn kinderen, laten we beginnen met samen de mantra *Lokah samastah sukhino bhavantu* te reciteren. Veel mensen sterven, niet alleen in India maar ook in andere delen van de wereld, door overstromingen, stormen, aardverschuivingen enzovoorts. Duizenden mensen ondergaan vreselijk lijden door oorlogen tussen landen en binnen de samenleving. Het is ons niet gelukt om vrij van dergelijke ellende te zijn. Om die redenen houdt Amma niet van het idee van een viering. Amma ziet deze viering echter als een gelegenheid voor ons allemaal om samen te komen en te bidden. Groepsgebed is zeer waardevol. Door groepsgebed kunnen we zeker veranderingen inde ellendige omstandigheden van vandaag tot stand brengen. Sluit dus allemaal je ogen en met het gebed dat alle levende wezens overal vrede en geluk mogen ervaren herhalen jullie de mantra *Om lokah samastah sukhino bhavantu*.

Delen in het leven

Deze mantra hebben we van de *Rishi's*, onze voorouders, gekregen. De mantra wordt niet alleen voor ons eigen welzijn of het welzijn van ons gezin gereciteerd. De betekenis van het gebed is: "O Hoogste Wezen, mogen alle wezens in alle werelden vrede en geluk ervaren!" Maar, mijn kinderen, we moeten ons afvragen of we de ruimdenkendheid hebben om dit gebed te kunnen zeggen.

Amma herinnert zich een verhaal. De echtgenote van een man stierf. Hij nodigde een priester uit om een gebed voor de vrede van de ziel van zijn vrouw te leiden. Tijdens de ceremonie reciteerde de priester de mantra *Om lokah samastah sukhino bhavantu*. De man kende de betekenis van mantra niet en daarom vroeg hij de priester: "Wat is de betekenis van de woorden die u zojuist reciteerde?" De priester zei: "Het betekent: 'O Hoogste Wezen, mogen alle wezens in alle werelden vrede en geluk ervaren.'"

Toen de man dit hoorde, zei hij: "Had ik u niet gevraagd om hier te komen bidden voor de ziel van mijn vrouw? En toch verwijst de mantra die u zonet reciteerde, niet naar de naam of de ziel van mijn vrouw!" De priester antwoordde: "Dit is het gebed dat mijn spirituele meester mij heeft geleerd. Als je voor de hele wereld bidt, ervaart de ziel van je vrouw vrede en opbeuring. Ik ken geen andere manier van bidden."

De echtgenoot kon hier niets tegen in brengen, maar hij zei: "Kunt u op zijn minst mijn buren aan de noordkant niet uitsluiten van het gebed? Ze zijn ons erg vijandig gezind. U kunt voor iedereen bidden behalve voor hen!"

Mijn kinderen, zo is onze houding op het moment. Maar het is niet een houding die we moeten cultiveren. Nee, dit moet veranderen. We moeten onze hele kijk veranderen. Deze mantra's mogen niet alleen maar door de tong geuit worden. Het zijn principes die we in ons leven in de praktijk moeten brengen. Alleen dan zal wat onze voorouders voor zich zagen, werkelijkheid worden. Alleen dan zullen onze gebeden vrucht dragen.

Meditatie is goed voor wereldse welvaart en voor vrede en bevrijding. Probeer alles te vergeten als je mediteert. Vergeet alles als je hier zit en een poosje mediteert. Wat heb je er aan als je aan gezinskwesties denkt wanneer je hier zit? Je verspilt alleen je tijd. Als je een boot roeit die vastgebonden ligt aan de oever, zul je niet aan de overkant komen.

Vergeet 'ik' en 'mijn' en geef alles aan God over. God is alles. "De dingen gaan niet volgens mijn eigen plannen, wordt dit alles niet door Uw wil gedaan?" Erken dit en laat alles aan God over. Leef in het huidige moment. We brengen niets mee als we op deze wereld komen, en we nemen ook niets met ons mee als we vertrekken. We moeten ons hiervan bewust zijn en meditatie beoefenen. Zodra je een mantra begint te herhalen, heb je er profijt van. Het is als een vast deposito bij de bank. Zodra je het deposito gestort hebt, begint je rente te groeien. Denk niet dat meditatie alleen met je ogen dicht zitten betekent. Een glimlach, een vriendelijk woord, een meedogende blik, dit is allemaal een deel van meditatie. Door meditatie moet ons hart vol compassie worden. Alleen in zo'n hart kan God stralen! We moeten het lijden van anderen voelen en hun lijden delen. Dit herinnert Amma aan een verhaal.

Een jongen zag een bord voor een winkel waarop stond: "Puppy's te koop!" Hij wilde heel graag een puppy kopen en dus ging hij de winkel in. Toen hij vroeg hoeveel een puppy kostte, zei men hem tussen de honderd en tweehonderd dollar. "Ik heb niet zoveel geld, maar kan ik de puppy's misschien zien?" vroeg hij. De winkelier kon dat niet weigeren. Hij blies op een fluitje en een nest puppy's en hun moeder kwamen van achter in de winkel aanrennen. De jongen keek er vol belangstelling naar. Toen hij de laatste puppy achter de anderen aan zag strompelen, riep hij: "Kijk eens! Wat is er met hem gebeurd?" De winkelier zei: "Die puppy is met een lam pootje geboren. De dierenarts zei dat het niet zal genezen." De jongen keek vol medelijden toe hoe de kleine puppy voortstrompelde en vroeg: "Mag ik die kopen? Ik kan u nu niet het hele bedrag betalen. Ik kan een gedeelte nu betalen en de rest zal ik in maandelijkse termijnen betalen." De winkelier was verbaasd. "Waarom wil je juist die, mijn zoon? Hij kan niet rondrennen en met je spelen. Zou je niet liever een van de anderen hebben?"

Maar de jongen stond erop de verlamde puppy te kopen. "In dat geval hoef je niets voor hem te betalen," zei de winkelier. "Je mag hem gratis hebben!"

"Nee, ik wil hem voor dezelfde prijs kopen die u voor de andere puppy's vraagt," zei de jongen vastberaden. Toen de winkelier vroeg waarom hij zo'n ophef maakte over een verlamd hondje, tilde de jongen zijn been op de tafel. Hij trok zijn broek omhoog en liet zijn kunstbeen zien. Hij zei: "Ziet u dit? Ik mis ook een been. Dus ik deel het hart van die puppy en hij deelt het mijne! Ik begrijp zijn pijn en hij begrijpt de mijne."

Hoewel Amma het in dit verhaal zo verteld heeft, is het niet nodig dat we hetzelfde lijden als anderen ondergaan om hun lijden te begrijpen. We kunnen de pijn van anderen voelen zonder mee te maken wat zij ervaren. Probeer dus het lijden van anderen als jouw lijden te zien en het geluk van anderen als jouw geluk. We moeten deze houding hebben en bevorderen. Amma weet dat het moeilijk is, maar probeer het, mijn kinderen!

Er zijn een miljard mensen in India. Slechts een kwart van hen heeft voldoende financiële middelen. De helft van de overige mensen zijn kleine boeren en de rest is echt arm. Het is echt niet nodig dat er in dit land armoede heerst. Mijn kinderen, de huidige situatie kan veranderd worden als mensen zoals jullie zich in zouden spannen om te helpen. Jullie weten dat we niemand om hulp hebben gevraagd en dat we geen fondsen voor de ontwikkeling van de ashram hebben verzameld. De groei hier is te danken aan jullie inspanningen, mijn kinderen. Jullie harde werk is het enige dat de hulpprojecten die we uitvoeren, mogelijk heeft gemaakt. Mensen zoals jullie en de ashrambewoners hebben tot tweeëntwintig uur per dag gewerkt. Jullie hebben zonder salaris gewerkt en zonder er iets voor terug te verlangen. Jullie hebben je behoeften teruggebracht tot twee paar kleren en twee maaltijden per dag in plaats van drie. Jullie hebben al het geld dat jullie op deze manier gespaard hebben, aan het dienen van de wereld gewijd. De kinderen die een gezin hebben, bieden elke dienst aan die ze kunnen verlenen. Veel vrouwen die eerst tien sari's per jaar kochten, kopen er nu slechts acht. Mensen die dronken en rookten, hebben die gewoonten opgegeven. Alleen door de onbaatzuchtigheid van de mensen kunnen we de arme en lijdende mensen helpen op de manier waarop we dat doen. Als jullie allemaal je zinnen erop zouden zetten, dan konden we zeker op zijn minst een gedeeltelijke, zo niet een volledige verandering van de situatie in dit land tot stand brengen. Jullie zeggen misschien: "Als je een druppel water uit de oceaan neemt en het op het land giet, zal dat geen verschil maken." Maar het maakt wel degelijk verschil, omdat er per slot van rekening één druppel minder in de oceaan is! Als ieder van ons iets goeds probeert te doen, zullen we het verschil in de samenleving net zo kunnen zien. Dit is de houding die jullie moeten cultiveren, mijn kinderen!

Geef egoïsme op

Omdat al Amma's kinderen bereid zijn om te leven in overeenstemming met de betekenis van de mantra die we reciteren, kunnen we zoveel dingen die de samenleving ten goede komen, onbaatzuchtig doen. Maar tegenwoordig regeert egoïsme de wereld. Er gaat egoïsme schuil achter de liefde die we in de wereld zien. In een bepaald gezin kwamen de twee zonen samen en zeiden tegen hun vader: "Pa, wij, kinderen, zullen voor je zorgen. Waarom draag je het eigendom van je huis en al je bezittingen niet aan ons over?" De oude man, die de zoetgevooisde woorden van zijn kinderen vertrouwde, maakte een akte op die alles aan hen overdroeg. Hij dacht dat hij zijn zonen elkaar zou laten afwisselen en dat hij bij ieder twee maanden lang zou wonen. Toen zijn eigendom onder zijn zoons verdeeld was, vertrok hij en verbleef bij een van hen. Na slechts twee weken begon de houding van zijn zoon en schoondochter tegenover hem te veranderen. Daarom verhuisde hij en ging bij zijn andere zoon wonen. Al na vijf dagen kon hij ook daar niet blijven wonen, omdat hij de bijtende opmerkingen van zijn schoondochter niet meer kon verdragen. Hij huilde de hele tijd. Ten slotte zocht hij zijn toevlucht in een ashram. De spirituele meester in de ashram luisterde naar het verhaal van de man en gaf hem wat advies. Een maand later keerde de vader met een doos bij zich terug naar zijn zonen. De zonen wilden dolgraag weten wat er in de doos zat. Toen ze bij de oude man aandrongen, zei hij: "Ik heb een deel van mijn rijkdom in goud omgezet en bewaar het in deze doos. Maar tot mijn dood geef ik deze doos aan niemand. Als ik dood ben, kan ieder van jullie hem hebben." De houding van zijn zonen tegenover hem veranderde zodra ze dit hoorden. Ze hadden geen woorden om de liefde die ze plotseling voor hun vader voelden, uit te drukken. Zij en hun echtgenoten smeekten hem: "Kom bij ons wonen, pappa! Kom alsjeblieft naar ons huis!" Ze boden hem steeds meer gastvrijheid. Uiteindelijk kwam de dag dat de oude man stierf. Na de begrafenis haastten de zonen zich om de doos te openen waar ze al die tijd een oogje op hadden. Heel opgewonden verwijderden ze het deksel. De doos zat vol gewone stenen!

Mijn kinderen, dit is de soort liefde die we van de wereld krijgen. Als we iets van de wereld verwachten, geeft dat alleen maar aanleiding tot tranen.

Mijn kinderen, de inspanning die jullie allemaal verricht hebben, is de bron van alle succes dat we hier gehad hebben. Jullie zijn mijn kinderen! Jullie zijn Amma's enige rijkdom. Amma heeft niets van zichzelf. Alles wat we vandaag zien, komt van jullie onbaatzuchtigheid. Dus één ding mogen jullie vooral niet vergeten, mijn lieve kinderen. Als het ook maar een spikkeltje egoïsme lukt om jullie geest binnen te komen, moeten jullie daar op de een of andere manier vanaf komen. Eén enkele vonk is genoeg om een enorm vuur te ontsteken dat een heel bos in de as legt.

Zo is egoïsme. Slechts een klein beetje ervan is genoeg om ons volledig van onze vrede te beroven.

Af en toe komen hier vrouwen die huilen en twee of drie zuigelingen op hun heupen hebben. Als Amma hun vraagt wat het probleem is, zeggen ze: "Amma, ik ben met mijn kinderen vertrokken om zelfmoord te plegen. Toen hoorde ik over Amma. Daarom zijn we hier gekomen." Wanneer Amma meer wil weten, zegt de vrouw: "Mijn man drinkt. Hij is verslaafd aan drugs. Door het drinken was hij nooit op tijd op zijn werk. Daardoor verloor hij zijn baan. Toch hield hij niet op met drinken. Uiteindelijk verkocht hij het huis, ons bezit, mijn juwelen, alles. We konden ons niet één enkele maaltijd permitteren. Ik zag nooit ergens een glimlach. Iedereen haatte ons. Overal zag ik alleen maar minachtende blikken. Uiteindelijk kon ik alleen de weg naar de dood duidelijk voor me zien. Dus ik ging met mijn baby's die weg op, maar in plaats daarvan kwamen we hier bij u terecht, Amma!"

Amma zal jullie iets vertellen: die mannen drinken de tranen en het bloed van hun geliefden, niet alcohol of drugs.

De hengelaar gooit de vislijn in het water en wacht. De vis eet het aas en denkt: "Geweldig! Ik heb voor vandaag genoeg voedsel gevonden." Hij beseft niet dat hij zich in de klauwen van de dood bevindt.

Een hond neemt een bot in zijn bek, kauwt er enthousiast op en geniet van het bloed dat eruit komt. Pas later beseft hij dat het bloed dat hij proefde, van zijn eigen verminkte tandvlees kwam. Geluk kunnen we niet in objecten vinden. Geluk bestaat in ons. Mijn kinderen, jullie moeten dit begrijpen. Degenen onder jullie die alleen naar hun eigen geluk streven, moeten ten minste een ogenblik aan hun gezin denken. Degenen onder jullie die vijf sigaretten per dag roken, probeer dat te verminderen en er twee minder te roken! Door het beetje voor beetje te verminderen kunnen jullie de gewoonte helemaal uitbannen. Zo ook moeten zij die drinken, proberen uit die atmosfeer weg te blijven. Herwin je kracht door de kennis dat geluk niet in het drinken zit. Een moedig iemand is hij die in zichzelf naar vreugde zoekt. Mijn kinderen, wees geen slaaf van sigaretten of alcohol. Zij die de slaaf van zulke dingen worden, hebben geen moed. Het zijn lafaards. De echt dappere mensen zijn degenen die controle over hun geest verkregen hebben. We hoeven op niets te leunen. We moeten op eigen benen kunnen staan. We moeten iedere ademhaling nuttig voor anderen laten zijn. Jullie moeten dit innerlijk besluit nemen. Dat is alles wat Amma verlangt.

De manier om ervaringen tegemoet te treden

We gaan op drie verschillende manieren met de ervaringen in het leven om:

1. We proberen van de situatie weg te rennen.

2. We proberen de omstandigheden te veranderen, omdat we geloven dat zo'n verandering al onze problemen op zal lossen.

3. We vervloeken onze omstandigheden en gaan op de een of andere manier verder.

We kunnen problemen niet vermijden door ervoor weg te rennen; de problemen kunnen zelfs dubbel zo groot worden. Er schiet Amma een verhaal te binnen: Er was een man die hoorde dat zijn oom op het punt stond om hem te bezoeken. Hij besloot thuis weg te gaan, omdat zijn oom, die soldaat was, de gewoonte had om uren achter elkaar oorlogsverhalen te vertellen. Omdat de neef al deze tijd niet wilde verspillen, ontsnapte hij langs een pad achter het huis. Maar toen hij over het pad liep, zag hij plotseling zijn oom op datzelfde pad uit de tegenovergestelde richting aankomen! Zodra de oom zijn neef zag, hield hij halt en begon te praten. Het gesprek bleef maar doorgaan, midden op dat pad. Na een tijdje had de neef het erg warm en had dorst. Zijn voeten deden pijn. Maar er was daar geen water, geen schaduwrijke boom te zien en geen bank om op te zitten. Het kwam in hem op dat hij nu comfortabel in de koele schaduw met zijn oom zou zitten, als hij thuis gebleven was. En hij zou dan volop water gehad hebben. Door dit verhaal kunnen we zien dat het twee keer zoveel problemen kan veroorzaken als we van een situatie proberen weg te lopen.

De tweede benadering is de omgeving veranderen. In een bepaald huis is helemaal geen vrede. De gezinsleden denken dat er iets mis is met het huis. "Misschien moeten we het huis afbreken en het opnieuw bouwen. Of moeten we een ander huis kopen? Of misschien moeten we een nieuwe tv kopen en nog een paar andere dingen en het huis verfraaien. We zouden airconditioning kunnen installeren." Maar niets hiervan zal de problemen oplossen. Er zijn mensen die zelfs niet in de luxe van een kamer met airconditioning kunnen slapen. Ze moeten slaappillen nemen. De reden is dat hun problemen zich in hun geest bevinden. Spiritualiteit is de kunst van het airconditionen van de geest. De problemen van het leven verdwijnen niet als we alleen wat veranderingen in onze omgeving aanbrengen. Niet dat we de uiterlijke omgeving niet mogen veranderen. Amma zegt dat we onze mentale instelling ook moeten veranderen. Dit is wat spiritualiteit ons leert.

De omgeving veranderen maakt geen einde aan de problemen. Een echtpaar ruziede voortdurend met elkaar. Uiteindelijk konden ze niet meer samenleven en ze scheidden van elkaar. Na een tijd trouwden ze beiden opnieuw. Maar ze ontdekten allebei spoedig dat ze hun vroegere echtgenoot in een andere vorm getrouwd hadden. De individuen waren nieuw, maar hun eigen geest was helemaal niet veranderd. Zolang onze geest niet verandert, komen we niet van onze problemen af door de uiterlijke omstandigheden te veranderen.

De derde manier waarop we met moeilijke situaties in ons leven omgaan is over de situaties klagen en doorgaan. Iemand met buikpijn blijft tegenover iedereen in huis klagen: "Ma! Pa! Ik heb pijn in mijn buik! Broer, zus, ik kan deze pijn niet verdragen!" Uiteindelijk krijgt iedereen die naar die persoon toe gaat ook buikpijn. Door eindeloos over onze problemen te klagen verstoren we ten slotte ook de vrede van anderen.

Maar er is een vierde manier Er is een manier om moeilijke situaties te boven te komen en dat is onze geestestoestand veranderen. Dit is de enige manier om echt vreugde te vinden. Het is onmogelijk om de uiterlijke omgeving volledig naar onze behoeften te veranderen. Dus moeten we onze geestestoestand veranderen zodat die bij de omgeving past. Dit is alleen door spiritualiteit mogelijk.

Op dit punt worden spirituele teksten relevant. Wat liet Heer Krishna aan Arjuna[31] zien? Krishna veranderde de toestand van de uiterlijke wereld niet. Hij transformeerde de toestand van Arjuna's geest. Als hij gewild had, had hij een tornado of een overstroming kunnen creëren om de onrechtvaardige Duryodhana en zijn volgelingen te vernietigen. Hij had iedere methode kunnen gebruiken om hen te vernietigen. Hij had alles voor de Pandava's kunnen bemachtigen. Krishna had de kracht om dit te doen. Maar hij veranderde de uiterlijke omstandigheden helemaal niet. In plaats daarvan veranderde hij Arjuna's houding tegenover de wereld. Hij leerde hem de aard van het leven te begrijpen en hoe alles in het leven tegemoet te treden. We moeten onze geest zo ontwikkelen dat we voor de vrede en harmonie van de hele wereld kunnen bidden.

Denk aan de scene uit de Ramayana waar Heer Rama de hal betrad waar Sita op het punt stond een echtgenoot te kiezen.[32]

---

[31] Arjuna was een van de vijf Pandava-broers. Krishna's advies aan Arjuna bij het begin van de Mahabharata-oorlog staat bekend als de Bhagavad Gita en bevat de essentie van spirituele wijsheid voor ons dagelijks leven.

[32] Sita's vader, Koning Janaka van Mithila, had verklaard dat hij zijn dochter alleen ten huwelijk zou geven aan de koning of prins die de grote

Zodra de mensen van Mithila Rama zagen, begonnen zij te bidden: "Wat is hij knap en sterk. Hij is gezegend met alle goede eigenschappen! God, geef hem alstublieft de kracht om die boog te spannen!" Toen Rama de hal binnenkwam, vervloekten alle koningen, die daar bijeengekomen waren in de hoop Sita's hand te winnen, Rama inwendig. "Waarom moest hij hier nu komen? Loop ik nu door hem mijn kans mis? Het is twijfelachtig of ik Sita zal kunnen trouwen. Ging hij maar weg!" Toen Sita Rama zag, bad ze: "O God, waarom heeft u zo'n zware boog gemaakt? Kunt u het gewicht niet een beetje verminderen?" Haar gebed was om de omstandigheden te veranderen.

Maar het gebed van de mensen van Mithila was het juiste gebed. Zij hadden de juiste houding. Zij baden niet om verandering van de omstandigheden. Zij baden: "Geef Rama de kracht om die boog te spannen!" Op dezelfde manier moeten wij alleen bidden om de moed om iedere situatie tegemoet te treden, wat die ook mag zijn. Maar ons gebed mag niet kinderlijk zijn.

Een jongen ging naar een tempel en bad: "God, maak China alstublieft de hoofdstad van Amerika!" Iemand in de buurt hoorde dit en vroeg: "Waarom bid je zo, mijn kind?" De jongen zei: "Ik heb in mijn examen geschreven dat China de hoofdstad van Amerika is! Maar dat was fout. Daarom bid ik tot God om mijn antwoord correct te maken."

Dit is kinderachtig. Zo'n kinderachtigheid moeten we niet bevorderen. Maar we moeten het hart van een kind ontwikkelen, kinderlijke onschuld. Kinderlijkheid is gebrek aan onderscheid. Het maakt ons onvolwassen. Stel dat je zwemles krijgt. Als je zwemleraar altijd dicht bij je blijft, leer je niet om alleen te zwemmen. We moeten zelf de kracht vinden om te overleven in alle

---

boog kon spannen, die oorspronkelijk van Heer Shiva was. Vele koninklijke kandidaten hadden zich verzameld in de hoop dit te kunnen doen en Sita's hand te winnen.

omstandigheden van het leven. De enige manier om dit te doen is onze mentale instelling veranderen. Verspil je tijd niet door de schuld te geven aan de uiterlijke omstandigheden en gedeprimeerd te zijn omdat je die niet kunt veranderen. Sommige mensen reizen in luxe auto's, maar als ze geen innerlijke rust hebben, wat is dan het nut van een luxe auto?

De uiterlijke omstandigheden veranderen is niet genoeg. Er zijn mensen die zelfmoord plegen in hun kamer met airconditioning. Als we echter onze geest transformeren, kunnen we iedere situatie met een glimlach aan. In plaats van op anderen te leunen voor troost, moeten we vertrouwen in onszelf ontwikkelen. Alleen dan zullen we troost en voldoening vinden. Dus onze huidige mentale houding veranderen is de eerste stap. Hiervoor moeten we bidden.

Deel de goedheid

Mijn kinderen, we zijn geen geïsoleerde eilanden. Ieder van ons is een schakel in de ketting van het leven. Iedere handeling van ons beïnvloedt anderen, of we ons daarvan bewust zijn of niet. En wij worden op onze beurt door anderen beïnvloed. Daarom zegt men dat we bewust aandacht moeten besteden aan iedere woord en daad.

Een man stapte in een bus en was verrast toen hij zag dat de conducteur zo kalm en vrolijk was. De conducteur glimlachte tegen iedereen, zorgde ervoor dat de bus bij iedere halte stopte en wachtte tot iedereen helemaal was ingestapt voordat hij het signaal gaf dat de bus verder kon gaan. Hij verkocht de kaartjes zeer efficiënt. De volle bus en het gedrag van de passagiers beïnvloedden zijn stemming absoluut niet. De passagier merkte dit op en vroeg de conducteur: "Hoe kunt u zo rustig handelen en blijven glimlachen in zo'n drukke bus? Ik ben dit nog op geen enkele bus tegengekomen. Wat is uw geheim?" De conducteur glimlachte en zei: "Er is geen groot geheim. Dit is eenvoudig de les die het leven me geleerd heeft. Ik werkte vroeger op een kantoor en moest met de bus naar mijn werk. De bus stopte vaak op enige afstand van de eigenlijke bushalte. Ik rende er dan heen en tegen de tijd dat ik bij de bus was, begon die te rijden en ik miste hem. Of de conducteur luidde de bel dat de bus kon vertrekken, als ik net bij de bus kwam zodat het erg moeilijk was om in te stappen zonder te vallen. De conducteur nam gewoonlijk niet de moeite om het wisselgeld terug te betalen en als ik erom vroeg, gaf hij het verontwaardigd. Als ik niet met gepast geld kon betalen, werd hij kwaad. Als deze dingen gebeurden, verloor ik bijna de controle over mijn geest. Maar ik bedacht dat ik de volgende dag dezelfde bus moest nemen, en op de een of andere manier kon ik me in bedwang houden. Ik kwam dus op kantoor met al deze onderdrukte woede.

Ik was helemaal niet vriendelijk en glimlachte naar niemand. Daarom werd iedereen ook onvriendelijk tegen mij. Hierdoor kon ik mijn werk niet met de juiste aandacht doen. Ik was zo gespannen dat ik veel fouten maakte en ik van de manager op mijn kop kreeg. Dit bleef allemaal bij me als ik s' avonds thuiskwam. Ik reageerde het af op mijn gezin. Ik werd boos op de kinderen en ruziede met mijn vrouw. Er was geen vredige atmosfeer. Ik toonde mijn kinderen geen affectie meer en opende mijn hart niet voor mijn vrouw. Ik werd een eenling zowel thuis als in de samenleving.

Toen ik op een dag bij de bushalte kwam, reed de bus net weg. Toen de conducteur me zag, trok hij aan de bel en liet de bus stoppen. Hij wachtte tot ik helemaal was ingestapt voordat hij het signaal gaf dat de bus verder kon rijden. Er waren geen lege stoelen in de bus, maar die conducteur gaf me zijn eigen stoel. Ik voelde een onbeschrijfelijke vreugde. Ik was erg moe en viel onderweg in slaap. Net voordat we bij mijn halte kwamen, maakte de conducteur me wakker zodat ik uit kon stappen. Ik had die conducteur nooit eerder ontmoet. Ik kan de troost die zijn vriendelijkheid mij gaf, niet beschrijven. Stel je de opluchting voor die je voelt als je door dorst gekweld wordt en iemand je een glas koel water aanbiedt. De opluchting die ik voelde was nog groter. Met ongekende vreugde stapte ik uit de bus en liep naar het kantoor. En daar glimlachte iedereen naar me, wat ongebruikelijk was. Ik kon mijn werk die dag met veel zorg doen en de manager gaf me een compliment. Die dag was ik zeer vriendelijk voor de mensen die onder mij werkten. Dat maakte hen gelukkig en ze luchtten hun hart bij me. En die dag waren ze heel vriendelijk tegen de mensen die het kantoor bezochten. Thuis kon ik liefdevol en open met mijn vrouw en kinderen zijn. Er hing thuis een feestelijke sfeer. Ik genoot er zo van dat ik al het andere vergat. Ik werd me bewust van de veranderingen die hadden plaatsgevonden in iedereen om me heen door de verandering in mij, de verandering in één persoon.

Vanaf die tijd begon ik speciale aandacht aan mijn eigen gedrag te besteden. Ik raakte ervan overtuigd dat we precies terugkrijgen wat we geven. Ik kan er niet op staan dat anderen goed worden voordat ik zelf goed geworden ben. Ik leerde dat ik mezelf kon verbeteren zelfs als de anderen dat niet doen; dat als ik zelf goed word, anderen ook veranderen. Later, toen ik dit werk op de bus aannam, herinnerde ik me de conducteur die me deze geweldige les leerde. Ik heb een gelofte afgelegd om mensen respect te tonen als ik met ze omga. Ik heb een vast besluit genomen om mijn rol te spelen bij het bevorderen van liefde en een gevoel van verwantschap in de wereld. De ervaring die ik had op die dag dat alles veranderde, blijft een grote les voor me." Dit is het verhaal dat de conducteur vertelde.

Mijn kinderen, de samenleving bestaat uit individuen. De gedachten en handelingen van ieder individu beïnvloeden de cultuur van de mensen. In plaats van te denken: "Ik zal goed worden wanneer de anderen veranderen," moeten we eerst proberen onszelf te veranderen. Als onze eigen mentale kijk echt verandert, kunnen we overal in de wereld goedheid zien. Als er een verandering in ons plaatsvindt, wordt dat ook in anderen weerspiegeld. Mijn kinderen, vergeet nooit dat we alleen ontvangen wat we geven.

Het hart pompt bloed naar alle cellen van het lichaam. Op die manier krijgen de cellen voedsel. Het bloed stroomt dan terug naar het hart. Als dit belemmerd wordt, is dat een bedreiging voor het leven. Net als het hart moeten we leren om niet alleen te ontvangen, maar ook om terug te geven. Alleen wanneer we geven, ontvangen we iets terug. In de ketting van het leven beïnvloedt een gebrek in één schakel de andere. We moeten begrijpen dat iedere glimlach, woord en daad van ons de kracht heeft om zonneschijn in het leven van vele anderen te brengen. We moeten er dus voor zorgen dat onze handelingen vreugde en tevredenheid creëren niet alleen voor ons, maar ook voor anderen. We mogen ons niet teleurgesteld terugtrekken als we kwaad in de wereld zien en ook mogen we niet toestaan dat het kwaad van anderen ons beïnvloedt om ook kwaad te doen.

Mijn kinderen, neem de moeite om op zijn minst één kleine lichtje aan te steken in plaats van de duisternis de schuld te geven. Als dat niet mogelijk is, probeer dan geen lijden of problemen voor anderen te creëren. Jullie vragen je misschien af hoe dit gedaan kan worden. De makkelijke manier is om iedere van handeling een offergave aan het Hoogste Wezen te maken. Zie iedere handeling als een vorm van aanbidding. Dan zullen onze activiteiten zowel ons als anderen gelukkig maken en zullen ze ons en anderen ten goede komen.

Amma herinnert zich wat een zoon haar enkele jaren geleden vertelde. Hij wilde medicijnen studeren, maar hij werd niet tot de medische faculteit toegelaten omdat hij net een punt tekortkwam. Daarna deed hij een tijdje niets. Op aandringen van zijn familie solliciteerde hij toen voor een baan bij een bank en werd aangenomen. Hij werd bankbediende. Daarna kwam hij naar Amma en zei: "Amma, ik ben altijd erg kwaad. Ik kan niet glimlachen of de klanten liefde tonen, wie ze ook zijn. Daarom denk ik niet dat ik deze baan kan houden." Hij zei dit met veel pijn.

Amma vroeg hem: "Mijn zoon, als je beste vriend iemand naar je zou sturen, hoe zou je je dan tegenover die persoon gedragen?"

"Ik zou glimlachen en hartelijk zijn."

"Dus dan zou je je vriendelijk gedragen. En wat als Amma zelf iemand naar je toe zou sturen bij de bank, hoe zou je dan handelen?"

"Omdat Amma die persoon gestuurd heeft, zou ik erg liefdevol zijn!"

Toen zei Amma tegen hem: "Probeer je van nu af voor te stellen dat iedereen die naar je toe komt, door God naar je toe is gestuurd. Als je dit kunt, dan zul je zeker veranderen!"

Daarna vond er inderdaad een verandering in die zoon plaats. Hij begon zijn werk te zien als een manier om God te dienen. Hij was gelukkig en deelde zijn tevredenheid met hen die naar hem toe kwamen. Door onze handelingen te verrichten als een aanbidding van God, hebben niet alleen wij, maar de hele samenleving daar profijt van. Deze houding moeten we cultiveren.

Inspanning gecombineerd met genade

Mijn kinderen, er gebeuren twee dingen in het leven: we handelen en we ervaren de resultaten daarvan. Ons leven zal betrekkelijk vredig en harmonieus worden als we weten wat onze houding moet zijn wanneer we handelen en de resultaten daarvan genieten.

We ervaren vaak dat wat we verwachten niet gebeurt en dat wat we niet verwachten werkelijkheid wordt. Het resultaat van onze activiteit hangt niet alleen van de activiteit zelf af, maar ook van vele andere factoren. Alleen als al deze factoren tegelijk aanwezig zijn, krijgen we het resultaat dat we verwachten. Alleen het verrichten van de handeling hebben we onder controle. We moeten de activiteit zo goed mogelijk verrichten zonder ons om het resultaat zorgen te maken. Dit is wat Heer Krishna in de Bhagavad Gita adviseert. Dit betekent niet dat we zonder salaris moeten werken. Het betekent dat we, als we handelen zonder het resultaat te verwachten, de activiteit goed kunnen verrichten. Dan zullen de resultaten van onze handelingen op natuurlijke wijze naar ons toe komen.

Zelfs als we een examen heel goed afleggen, hoeven we niet de verwachte resultaten te krijgen als de professor die de test beoordeelt of de ambtenaar die de cijfers kopieert, niet voldoende aandacht aan hun werk besteden. Een jongen had hard gestudeerd en deed het goed op het examen. Hij verwachtte een zeer hoog cijfer. Maar toen de uitslagen bekend werden gemaakt, bleek hij maar net geslaagd te zijn. Maar hij liet zich hierdoor niet ontmoedigen. Hij ondernam bepaalde stappen om zijn antwoorden opnieuw te laten beoordelen. Toen zijn examen voor de tweede keer werd beoordeeld, kreeg hij een veel hoger cijfer. Toen men onderzocht waarom dit gebeurd was, kwam naar voren dat de professor die het examen de eerste keer beoordeelde, toen erg in de war was. Zijn vrouw was er met een andere man vandoor gegaan en omdat hij hierdoor erg van streek was, kon hij de examenpapieren niet juist beoordelen. Daarom zegt Amma dat succes bij onze examens niet alleen door onze inspanning bepaald wordt, hoe hard we ook studeren en hoe goed we de vragen ook beantwoorden.

Hoe goed we ook uitkijken als we een straat oversteken, we kunnen toch gewond raken als een chauffeur onvoorzichtig rijdt. Daarom zegt men dat we Gods genade nodig hebben om alle factoren die het resultaat van een handeling bepalen, gunstig te laten zijn. De gemakkelijkste manier om dit te bereiken is iedere handeling als aanbidding van God verrichten.

Als we een *puja* doen, proberen we ons er natuurlijk van te verzekeren dat alle artikelen die we voor de *puja* gebruiken, van de beste kwaliteit zijn. We gebruiken nooit rot fruit, verwelkte bloemen of vuil gerei. Als we alles met deze houding doen, zullen we na verloop van tijd alleen positieve activiteit kunnen verrichten. Negatieve activiteit zal ophouden, want hoe kun je negatieve activiteit verrichten als je het aan God opdraagt?

De belangrijkste houding van iemand die een *puja* doet, is nederigheid. Dus als we iedere handeling verrichten alsof het een *puja* was, en met de juiste houding, kunnen we geen arrogantie of trots tonen. Als we bij een bepaalde activiteit succes hebben, zien we het als Gods genade. We scheppen niet op dat het succes door onze eigen bekwaamheid komt.

Aan het einde van de *puja* krijgen we *prasad*[33]. Dus met de houding dat onze activiteit een vorm van aanbidding is, accepteren we de resultaten van onze handelingen als *prasad*. De nederigheid die we hebben terwijl we de activiteit verrichten, moet ook bij ons blijven als we de resultaten van de handelingen ervaren. We zoeken niet naar gebreken of tekorten in de *prasad*.

Dit betekent niet dat we moeten lanterfanten en ons falen als Gods *prasad* moeten accepteren, als we falen. Als er een kans op succes bestaat, moeten we het opnieuw proberen. Als we opnieuw falen, kunnen we dat als de Goddelijke Wil accepteren. Als we ons succes als goddelijke genade zien, scheppen we niet op. We zwelgen niet in ons succes en raken niet overdreven opgewonden met uitsluiting van al het andere. En als we falen, zijn we niet ontredderd en storten niet in. Bij de mensen die hun mislukkingen als Gods wil zien, komt het gevoel een nietsnut te zijn niet op. Als we niet slagen, moeten we eenvoudig denken dat het is wat we op dit moment verdienen. We moeten denken dat weer wat *prarabdha* (het resultaat van activiteit in het verleden) op deze

---

[33] Gezegende voorwerpen zoals voedsel of bloemen.

manier vermeden is. We moeten de ervaring als een les in het leven behandelen en accepteren dat we er iets van kunnen leren.

Door ons onderscheidingsvermogen te gebruiken kunnen we iedere activiteit in ons voordeel veranderen. En als we onze activiteit met de juiste houding benaderen, hoeven we ook niet verveeld te raken. Als onze enthousiaste inspanning met goddelijke genade gecombineerd wordt, zal de overwinning zeker aan onze zijde zijn. Wat er ook gebeurt, we moeten de hoop nooit opgeven. God staat altijd aan de kant van hen die zich inspannen. De overwinning is ook aan hen.

Spiritualiteit in het dagelijks leven

Amma's verjaardagsboodschap in 1999

Amma groet al haar kinderen, die werkelijk de belichaming van Liefde en het Hoogste Zelf zijn.

In deze tijd worden er in het hele land redevoeringen en lezingen gehouden. Spirituele lezingen, culturele lezingen, politieke redevoeringen, religieuze conversaties, discussies tegen religie. Iedereen heeft wel een onderwerp om over te spreken. Iedereen heeft de autoriteit om redevoeringen te houden over ieder onderwerp onder de zon. Dit lijkt de algemene houding te zijn.

Er schiet Amma een verhaal te binnen over de student die tegen zijn vrienden zegt: "We hebben een fantastische professor. Je geeft hem een bepaald onderwerp en hij spreekt er uren over. Zelfs als je hem iets onbelangrijks als onderwerp geeft, praat hij meer dan vijf uur lang." Een van zijn vrienden die dit hoorde, antwoordde: "Je zegt dat jouw professor meer dan vijf uur spreekt als je hem een onderwerp geeft om over te praten. Maar onze buurman hoef je geen onderwerp te geven en toch blijft hij dagenlang praten!"

Zo zijn veel lezingen tegenwoordig. Lezingen hebben we niet nodig. We hebben activiteit nodig! Met ons eigen leven moeten we laten zien wat we te zeggen hebben. Goede woorden en daden zijn zeker van nut; ze zijn nooit zinloos. Een incident uit de Mahabharata komt voor de geest.

Het was in de tijd dat de Pandava's en Kaurava's jong waren en onderwijs kregen van hun grote leraar, Dronacharya. De eerste les ging over verdraagzaamheid. Op een dag riep de leraar alle leerlingen en vroeg hun te reciteren wat ze tot nu toe geleerd hadden. Ieder van hen reciteerde de lessen allemaal uit het hoofd. Ten slotte was Yudhishthira aan de beurt. Hij herhaalde slechts een regel. Toen de leraar vroeg: "Is dat alles wat je geleerd hebt?" antwoordde Yudhishthira met tegenzin: "Vergeef het me, Heer. Ik heb de eerste les min of meer geleerd, maar de tweede heb ik helemaal niet geleerd." Toen Drona dit hoorde, kon hij zijn woede niet bedwingen. Hij had verwacht dat Yudhishthira het beter dan de anderen zou doen en toch zei Yudhishthira dat hij zich nauwelijks twee regels kon herinneren terwijl de anderen de lessen in hun geheel reciteerden. In zijn woede pakte Drona een stok en sloeg Yudhishthira daarmee totdat de stok in kleine stukjes brak. Maar zelfs nadat Yudhishthira die klappen gekregen had, bleef hij vrolijk en verflauwde de glimlach op zijn gezicht niet. Drona's kwaadheid bekoelde toen hij dit zag en hij betreurde wat hij gedaan had. Hij zei beminnelijk: "Mijn kind, jij bent een prins. Als je het gewild had, had je me kunnen straffen door me in de gevangenis te laten gooien. Maar dat heb je niet gedaan! Je werd helemaal niet kwaad! Is er iemand in deze wereld met jouw geduld? Er is zoveel grootheid in je!" Toen Drona zich omkeerde, zag hij het palmblad waarop Yudhishthira's lessen geschreven waren. De eerste regel was: "Verlies nooit je geduld," terwijl de tweede regel luidde: "Vertel altijd alleen maar de waarheid."

Toen Drona's blik weer op Yudhishthira's gezicht viel, dacht hij dat die regels op het palmblad door de ogen van de jonge prins straalden. Hij pakte Yudhishthira's handen en met ogen vol tranen zei hij: "Yudhishthira, toen ik jou onderwees, uitte ik alleen maar woorden. En de andere jongens herhaalden die woorden als papegaaien. Jij was de enige die de lessen echt leerde. Wat ben jij geweldig, mijn zoon! Hoewel ik dit reeds lang onderwijs, heb ik nog niet één regel geleerd. Ik kon mijn kwaadheid niet bedwingen en ik had ook geen geduld." Yudhishthira antwoordde: "Vergeef het me, Meester, maar ik was wel een beetje kwaad op u." Drona besefte nu dat zijn leerling ook de tweede les geleerd had.

Mensen die niet bezwijken wanneer ze een beetje geprezen worden, zijn erg zeldzaam. Zelfs als ze een beetje kwaadheid in zich hebben, willen ze dat niet laten zien. Maar kijk naar Yudhishthira. Zonder tegenzin gaf hij toe dat hij een beetje kwaad was geweest. Dit betekent dat hij ook de tweede les had geleerd. Een les is pas volledig wanneer hij in het leven wordt toegepast. De echte leerling probeert dit echt te doen.

We hebben in het leven geduld nodig, omdat geduld de grondslag van het leven is. Als we een bloemknop openbreken, zullen we nooit de schoonheid en geur van de bloem kennen. Alleen als hij natuurlijk opengaat, zullen we dit ervaren. Evenzo, als we van de schoonheid van het leven willen genieten, dan kan dat niet zonder geduld. Voor hen die een leven vol geluk willen, is geduld de belangrijkste eigenschap die ze nodig hebben.

Soms zegt men dat vuur de godheid van de spraak is. De aard van vuur is hitte, licht en rook. Zoals vuur hitte en licht geeft, moet ieder woord van ons energie en kennis aan anderen geven. Maar het mag hun geest niet bezoedelen zoals rook een kamer zwart maakt. Als we tegenwoordig naar onze woorden luisteren, kunnen we inderdaad zeggen dat vuur de godheid achter de spraak is, omdat onze woorden hitte en rook afgeven. Wijsheid en licht zijn helemaal afwezig. Ieder woord van ons moet een transformatie in de luisteraars creëren. Het moet anderen gelukzaligheid geven. We moeten een voorbeeld voor anderen zijn. Ieder woord dat we uiten moet dat vermogen hebben. Eenvoud en nederigheid moeten door onze woorden naar buiten stralen. Maar vandaag de dag vinden we geen spoor van nederigheid als we onze woorden onderzoeken.

Onze woorden zijn doordrongen van de houding dat we beter dan anderen willen zijn. Zelfs de laagste persoon probeert zich voor anderen als groot voor te doen. We besteden er geen aandacht aan dat iemands grootheid in zijn nederigheid schuilt.

We beseffen niet dat we een dwaas in de ogen van een ander worden als we zo handelen.

Een majoor werd gepromoveerd tot de rang van kolonel. Op de dag dat hij zijn nieuwe betrekking aannam, zocht een man hem op. Zodra de man het kantoor binnenkwam, nam de kolonel met een arrogante houding de telefoon op en begon te praten. "Hallo, is dat President Clinton? Hoe gaat het met u? Ik ben vandaag net in functie getreden. Er zijn zoveel dossiers die ik nog door moet nemen. Okay, ik bel later nog een keer. Doe Hillary alstublieft de groeten." Nadat hij zo een tijdje gesproken had, legde hij de telefoon neer. De bezoeker stond daar zeer beleefd te wachten. Met een arrogante houding zei de kolonel tegen hem: "Ja, wat wilt u?"

De man zei beleefd: "Neem me niet kwalijk, mijnheer. Ik ben hier gekomen om de telefoon aan te sluiten. Dit is een nieuwe telefoon die hier gisteren geplaatst is, maar hij is nog niet aangesloten."

Wie was hier de dwaas? We zien niet dat wij zelf meerdere keren per dag zo'n dwaas worden. Dat is alles. Zij die proberen hun eigen belangrijkheid ten toon te spreiden, worden een dwaas in de ogen van anderen.

Kwaadheid beheersen

Iets anders waaraan we in ons leven speciale aandacht moeten besteden is het beheersen van kwaadheid. Kwaadheid is als een mes dat aan beide kanten scherp is. Het verwondt niet alleen degene op wie het gericht is, maar ook degene die het vasthoudt. Onze geest wordt erg onrustig als we kwaad op iemand zijn. De geest raakt zo in de war dat we niet rustig kunnen zitten, staan of liggen. Ons bloed wordt warm. Dit baant de weg voor allerlei ziekten die we tot nu toe niet gehad hebben. In de hitte van onze kwaadheid herkennen we de veranderingen die in ons plaatsvinden niet.

Veel mensen glimlachen pas naar iemand nadat ze eerst berekend hebben: "Als ik glimlach, zal die persoon dan een kennis worden? Zal hij mij om geld vragen? Heeft hij nu meteen geld nodig?" Ze glimlachen pas nadat ze zulke dingen zorgvuldig overwogen hebben. Maar dat is niet het geval met kwaadheid. In een ogenblik worden we helemaal door onze woede meegesleept. We proberen echter wel ons in bepaalde situaties te beheersen. Gewoonlijk varen mensen niet tegen meerderen uit, omdat ze weten dat ze daar uiteindelijk voor moeten betalen. Onze meerdere kan erover praten ons naar een andere plaats over te plaatsen of ons niet de promotie te verlenen die we hoorden te krijgen, of ons zelfs te ontslaan. Onder zulke omstandigheden beoefenen de meeste mensen de uiterste zelfbeheersing. Zij die dat niet kunnen, komen in de problemen en anderen zien dit als een les voor zichzelf. Maar slechts weinig mensen beheersen zich als ze op hun ondergeschikten kwaad worden. Juist hier is zelfbeheersing echt nodig, omdat onze ondergeschikten niets terug kunnen zeggen. Zij zijn van ons afhankelijk. Uiterlijk tonen ze misschien geen enkele reactie, maar ze voelen zich gekwetst en denken: "O God, ik word gedwongen al dit gescheld aan te horen voor fouten die ik niet begaan heb. Ziet U de waarheid niet, God?" Die golven van verdriet die uit hun hart opwellen, worden een vloek voor ons en het zal niet gemakkelijk zijn daaraan te ontsnappen.

Sommige mensen slagen niet voor hun examen hoewel ze erg hard gestudeerd hebben. En anderen gaan naar meerdere sollicitatiegesprekken, maar krijgen geen werk. De reden zou kunnen zijn dat ze iemands gevoelens erg gekwetst hebben. Het oprechte gebed van deze persoon is een obstakel geworden, als een vloek, en dit belemmert de goddelijke genade die naar de sollicitant zou moeten stromen.

Dit betekent niet dat we iemand niet mogen berispen wanneer het nodig is. Het is belangrijk om fouten te corrigeren als we ze zien. Uiterlijk liefdevol en vriendelijk zijn werkt misschien niet bij iedereen. In dat geval moeten we op een serieuzere manier handelen. Maar dit moet niet tegen het individu zelf gericht zijn, alleen tegen de verkeerde handeling. We hoeven niet onnodig streng tegen iemand te zijn. We moeten voorzichtig zijn zodat onze woorden en daden niemand kwetsen.

In sommige gezinnen zien we dat er in opeenvolgende jaren sterfgevallen plaatsvinden. In andere gezinnen vindt er een reeks ongevallen plaats. Hoeveel huwelijksaanzoeken sommige jonge vrouwen ook krijgen, geen enkele is geschikt. In sommige gezinnen worden er geen kinderen geboren, terwijl in andere gezinnen mensen op jonge leeftijd sterven. Er zijn families waarin alle vrouwen weduwe worden als ze in de dertig of veertig zijn. De enige reden die hiervoor gegeven kan worden is dat deze omstandigheden het resultaat van vorig *karma* zijn.

Daarom zegt Amma steeds weer opnieuw dat we zeer voorzichtig moeten zijn met iedere daad, woord en blik en zelfs met iedere gedachte. Iedere gedachte, woord en daad van ons heeft zijn eigen gevolgen. Iedere goede of slechte handeling van ons beïnvloedt vele anderen. Amma herinnert zich in dit verband een verhaal.

De hofnar vertelde de koning een verhaal en onder het verhaal maakte hij verscheidene grappen. Maar de koning begreep de grappen niet. Hij dacht dat de nar hem voor de gek hield. De koning werd kwaad en sloeg de nar hard. De arme hofnar had vreselijk veel pijn. Hij tandenknarste van woede, maar omdat het de koning was die hem geslagen had, durfde hij niets te zeggen om zich te verdedigen. Hoe hij het ook probeerde, hij kon zijn woede niet beheersen, omdat hij zonder reden geslagen was. Daarom draaide hij zich om en sloeg de man die naast hem stond. De man vroeg de hofnar: "Waarom deed je dat? Ik heb jou niets gedaan. Waarom gaf je me dan een klap?"

"Wat dan nog!" zei de nar. "Geef het gewoon door aan de persoon naast je! Het leven is als een groot wiel. Als het wiel ronddraait, kunnen we zien dat ieder van ons krijgt wat hij verdient. Aarzel dus niet om het door te geven!"

Liefde, de geur van het leven

Dit zien we zelfs vandaag om ons heen. We reageren onze woede en wraak af op mensen die toevallig vlakbij staan, hoewel ze misschien helemaal niets van de situatie af weten. Er bestaat geen twijfel over dat wat we geven, naar ons terug zal komen, vandaag of morgen. Als in het westen een man zijn vrouw slaat, wordt hij vaak meteen teruggeslagen. Maar in India is dat niet het geval. Onze voorouders hebben ons geleerd dat de echtgenoot een zichtbare vorm van God is. Maar wat is de vrouw voor de man? Veel mannen zien hun vrouw nu als een stortplaats voor hun woede. De vrouw verdraagt de afstraffing en de scheldpartij en onderdrukt haar eigen kwaadheid. Op dat moment komt haar zoon thuis van school. Hij rent het huis in en springt opgewonden op en neer over zijn plannen om die avond met zijn vrienden te gaan spelen. Maar zodra de moeder hem ziet, verdubbelt haar kwaadheid. Ze pakt hem beet en zegt: "Kun je niet lopen in plaats van rennen? Hou op met springen! Waarom heb je je kleren zo vuil gemaakt?"

En ze slaat hem tot haar woede bedaart. Arm kind! Wat heeft hij verkeerd gedaan? Er was alleen vreugde en gelach in zijn wereld, maar begreep zijn moeder dat? In een samenleving die vol zelfzucht en ego is, wordt de kleine wereld van de kinderen, een wereld van spel en lach, verpletterd.

Het leven moet uitbloeien tot totaal gelach. Dit is religie. Dit is spiritualiteit. Dit is echt gebed. God is de onschuldige, spontane glimlach die van binnenuit opbloeit. Dit is de grootste beloning die we de wereld kunnen geven. Maar in de wereld van vandaag kennen de mensen deze lach niet meer. De wereld kent nu alleen de glimlach vol egoïsme, wrok en gemaaktheid. Dat is geen glimlach; dat is alleen het rekken van de lippen, omdat het hart er niet bij betrokken is. Dit is een zonde, een vorm van geweld, een verraad van het Zelf. We moeten de wereld van het kind opnieuw ontdekken, een wereld vol gelach en speelsheid. Er sluimert een kind in ons allemaal. Als we dit kind niet wakker maken, kunnen we ons niet ontwikkelen.

Ons lichaam is in de lengte en breedte gegroeid, maar onze geest is niet gegroeid. We moeten als kinderen worden, zodat onze geest kan groeien en zo uitgestrekt als het universum kan worden. Want alleen een kind kan groeien. We moeten de zuiverheid en nederigheid van een kind hebben. Nederigheid is de eigenschap die ons zo uitgestrekt als het universum laat worden. Daarom zegt men dat je alleen een held kan worden als je eerst een nul wordt[34].

Veel mensen klagen dat het onmogelijk is zich te ontwikkelen door te proberen goed te doen in de wereld van vandaag. Maar ieder moment in het leven is een mogelijkheid om goed te doen. Voor hen die goed wensen te doen, kan ieder moment nuttig zijn en zij die het uitstellen, houden zichzelf voor de gek.

Welke man zegt er tegen zijn vrouw: "Ik zal morgenvroeg om tien uur van je houden of om vijf uur 's middags."?

Als iemand dat zou zeggen, zouden die woorden het duidelijk maken dat er daar helemaal geen liefde is. Liefde is niet iets wat later verschijnt of wordt toegevoegd. Liefde is hier *nu*. Liefde en vertrouwen zijn de schoonheid van het leven. Maar het is de aard van de mensen om met stenen naar liefde en vertrouwen te gooien overal waar deze eigenschappen gevonden worden. Dit moet veranderen. Liefde is de roos die een zuivere geur aan het leven geeft. Niemand mag daarnaar met stenen gooien.

---

[34] In het Engels is dit een woordspeling: In order to become a hero you first have to become a zero.

Moderne mensen richten zich op de rede en het intellect en huldigen vaak het standpunt dat liefde en vertrouwen blinde begrippen zijn. Maar Amma zegt dat de rede blind is, want wanneer er alleen maar logica en rede is, verdort het leven. We moeten ons dus op liefde, wederzijds vertrouwen en geloof richten. Stel je een samenleving voor die alleen op rede en intellect gebaseerd is! In zo'n samenleving zijn er alleen maar machines die er goed uitzien, zichzelf bewegen en praten. Daarom zegt Amma dat liefde en vertrouwen de basis van het leven zijn.

Mest en kunstmest moeten aan de wortels van de rozenstruik gelegd worden. Plaats ze niet boven op de geurige bloemen zodat de zoete geur verpest wordt! Pas rede en intellect toe waar ze horen. Laat rede en intellect niet de liefde en het vertrouwen vernielen die schoonheid en geur aan het leven geven!

De pelgrimstocht maar Sabarimala[35] is een voorbeeld hoe talloze mensen door liefde en vertrouwen geïnspireerd worden. Eenenveertig dagen lang geven de pelgrims drinken en slecht gezelschap op, houden op met snoeven en leiden een celibatair leven met een besef van goed en kwaad. Ze herhalen een enkele mantra: *Swamiye Sharanam* (De Heer is mijn toevlucht). In ieder geval ervaren het gezin en de samenleving in die tijd niet de effecten van alcohol en drugs. En toch wedijveren mensen in het afschieten van pijlen van kritiek op deze pelgrimstocht en zijn tradities. Het argument is dat de mensen alleen maar beetgenomen worden, hun vertrouwen wordt uitgebuit enzovoorts. Maar de mensen zien de praktische kant niet. We moeten dingen zorgvuldig onderzoeken en alleen kritiek leveren wanneer het terecht is. En de kritiek mag niet blind zijn. Hij mag niet dat wat positief is vernietigen. Alleen door liefde en vertrouwen kunnen we het principe van het Zelf realiseren.

---

[35] Een pelgrimsoord in Kerala met de beroemde tempel gewijd aan Ayyappa.

Vandaag de dag is liefde het onderwerp van honderden films, romans en liedjes. Het is het favoriete onderwerp van de meeste schrijvers, maar liefde wordt niet geboren uit enkel lezen of schrijven. Het is moeilijk om echte liefde in de wereld van vandaag te vinden. Zelfs de relatie tussen man en vrouw wordt mechanisch. Het leven is saai geworden.

Amma moet aan een verhaal denken. Een man en vrouw sliepen op een ledikant in de tuin voor hun huis. Plotseling kwam er een wervelwind en tilde hen met bed en al op. Ze werden meegenomen en honderd kilometer verderop neergezet. Gelukkig waren ze niet gewond. De vrouw begon te snikken. De man vroeg: "Waarom huil je, lieverd? Kijk, we zijn veilig geland, nietwaar? We zijn niet gewond. We hebben nog geen schrammetje opgelopen. Waarom huil je dan?"

De vrouw antwoordde: "Ik huil niet uit droefheid. Ik huil omdat ik zo gelukkig ben!"

"Waarom ben je zo gelukkig?"

De vrouw antwoordde: "Is dit niet de eerste keer dat we samen gereisd hebben sinds we getrouwd zijn? Na al die tijd! Ik moest wel huilen toen ik erover nadacht."

Zo is het gezinsleven tegenwoordig!

Liefde is de eenheid van harten. Liefde het in elkaar opgaan en één worden van hart. Liefde is het gevoel: "Ik en mijn leven zijn voor mijn geliefde!" Liefde is totale overgave. Maar totale overgave en eeuwige liefde kan men niet voelen voor objecten die veranderen. Alleen voor de onveranderlijke Hoogste Ziel kan men liefde en een gevoel van overgave voelen.

Echte liefde is de emotie van het hart voor de Hoogste Ziel, een onbedwingbaar verlangen naar God. Alleen door overgave aan God kunnen we deze liefde ervaren, deze onbaatzuchtigheid en volledige gelukzaligheid. We moeten ons leven totaal aan God wijden. Dit is volledige overgave en zonder dat is echt geluk niet mogelijk.

De omstandigheden zijn ingewikkeld

De basis van succes ligt niet in onze handelingen, want alleen door goddelijke genade slagen we in iets. Als we iets proberen te doen, spelen er naast de activiteit die we verrichten, veel factoren een rol. Slechts wanneer alle factoren gunstig zijn, kunnen we het gewenste resultaat krijgen. Hoe voorzichtig we ook zijn als we een straat oversteken, we weten dat we overreden kunnen worden als er een chauffeur onvoorzichtig is. Stel dat we een auto rijden en ons zorgvuldig aan alle verkeersregels houden. Toch kan een dronken chauffeur uit de tegenovergestelde richting met ons in botsing komen.

We weten thans veel dingen, maar we begrijpen nog steeds de ware aard van de wereld niet. Alleen door de ware aard van de wereld te begrijpen kunnen we innerlijke rust ervaren. We worden omgeven door alles wat we nodig hebben om ons fysieke comfort te vergroten, maar hoe veel we de materiële omstandigheden ook veranderen, van binnen vinden er geen fundamentele veranderingen plaats.

Amma herinnert zich een incident. Een man uit India werd uitgenodigd om Amerika te bezoeken. Alles voor zijn bezoek werd geregeld. Toen hij bij het huis kwam waar hij zou verblijven, verwelkomde zijn gastvrouw hem. Ze vroeg: "Wat wilt u drinken?" Hij waardeerde haar aandachtige vraag. Hij zei: "Wat thee graag." "Wat voor thee wilt u hebben? Met of zonder cafeïne? Of hebt u liever citroenthee? Of misschien is gemberthee beter." Ze noemde veel soorten thee waar de gast nog nooit van gehoord had. Alles wat hij in zijn leven geproefd had was gewone zwarte thee met melk en suiker. Hij was erg in de war. "Waarom vraagt ze dit allemaal?" dacht hij.

"Ik wil graag gewone thee," zei hij.

De vrouw ging terug de keuken in en kwam weer terug. "Neem me niet kwalijk, maar wilt u thee met suiker, namaaksuiker of zonder suiker? Er is ook volledig natuurlijke suiker." Op dat punt verloor de bezoeker bijna zijn geduld: "Ik wil gewoon thee!" Ze vroeg opnieuw: "Wilt u uw thee met of zonder melk? En moet het volle melk, halfvolle of magere melk zijn?" Nu was hij erg geïrriteerd. "O God! Geef me maar een glas water!" De vrouw vroeg snel: "Wilt u gefilterd water of bronwater? Of misschien spuitwater?" Nu was zijn geduld helemaal op. Hij liep de keuken in, schonk een glas kraanwater in en dronk het op. Dat was alles was hij nodig had. Maar daarvoor werden hem zoveel vragen gesteld!

Zelfs als we maar iets kleins nodig hebben, zijn er veel manieren om daaraan te komen. En het aantal manieren neemt steeds toe. Er zijn bijvoorbeeld zoveel manieren om op een plaats te komen; er zijn allerlei voertuigen beschikbaar. We kunnen daar zo snel of langzaam komen als we willen. Maar ondanks al deze gemakken kunnen deze keuzen ons niet helpen wanneer er een probleem, lijden of verdriet is. We kunnen alleen maar lijden. Er is geen andere weg voor ons. Hier wordt spiritualiteit relevant. Er is een manier om vrijheid van lijden en verdriet te verkrijgen. Waarom overkwam dit lijden ons? Wat is de reden voor onze strijd? We moeten proberen de echte reden te begrijpen, want als we die niet begrijpen, zal het lijden doorgaan.

Het vriendje van een jonge vrouw komt naar haar toe en zegt: "Wat ben je mooi! Dicht bij je zijn maakt me zo gelukkig. Ik kan me het leven zonder jou niet voorstellen!" Ze is in de wolken als ze dit hoort. Maar niet lang daarna zegt hij: "Kom niet bij me in de buurt! Ik ben allergisch voor je!" Toen ze dit hoorde, stortte ze in door verdriet. Ze realiseert zich niet dat dit de aard van de wereld is en daarom lijdt ze.

Wat is de aard van de wereld? Liefde wordt aan een voorwerp gebonden. We houden van een koe om haar melk. Als ze ophoudt melk te geven, wordt ze aan de slager verkocht. Zo is het als we van de wereld afhankelijk zijn. De wereld zal niet bij ons zijn in tijden van verdriet. Als er verdriet komt, stel je dan de vraag: "Waarom is mij dit overkomen?" Als we het antwoord op deze vraag in iedere crisis kunnen vinden, zullen we weten hoe we verder moeten gaan. Degene die nu probeert de rivier over te steken, zal later een hele oceaan over kunnen steken, als die inspanning voortduren gehandhaafd wordt. De problemen die zich van tijd tot tijd in het leven voordoen, maken ons sterker. Het zijn situaties die God teweegbrengt om onze kracht toe te laten nemen. Als onze voet door een doorntje geprikt wordt, zijn we aandachtiger onder het lopen en dat voorkomt misschien dat we in een diepe sloot vallen. We mogen dit niet vergeten en moeten proberen ons aan het Hoogste Wezen vast te houden.

Je kunt geen kampioen gewichtheffen worden als je altijd alleen maar kleine gewichten tilt. Je moet de noodzakelijke inspanning verrichten om kampioen te worden: eerst vijfentwintig kilo, dan dertig, veertig, vijftig enzovoorts. Langzaam vermeerder je het gewicht. Op dezelfde manier bereiken alleen degenen die in hun inspanning volharden, de overwinning op een bepaald gebied. Als je alleen met lichte gewichten oefent, zul je uitglijden en vallen je als je probeert zware gewichten op te tillen. Op dit moment kunnen we niet op eigen benen staan. Als dat waar we op leunen toevallig een beetje verschuift, zullen we zeker vallen. Spiritualiteit geeft ons de gewoonte om stevig in onszelf geworteld te blijven.

Laat de goddelijke wil zegevieren

Mijn kinderen, we zeggen vaak: "Het gebeurde alleen omdat ik eraan dacht, door mijn wil!" Maar komt het echt door onze wil dat iets gebeurt?

"Ik kom er meteen aan," roept iemand vanuit het huis. Dan zet hij één stap, krijgt een hartaanval en zakt in elkaar. Als onze wil oom maar enige kracht had, zou die persoon dan niet naar buiten hebben kunnen komen zoals hij beloofde? We moeten dit begrijpen en alles aan de Goddelijke Wil overlaten.

Er is in dit verband een verhaal over Radha en de *gopi's*[36]. Toen Heer Krishna Vrindavan verliet en naar Mathura ging, maakte het de *gopi's* enorm bedroefd dat ze van hem gescheiden waren. Ze zaten aan de oever van de rivier de Yamuna en deelden hun verdriet.

"Krishna heeft ons niet met zich meegenomen. Als hij terugkomt, moeten we hem niet opnieuw weg laten gaan," zei een *gopi*.

"Als de Heer terugkomt, vraag ik om een gunst," zei een andere *gopi*.

"Waar vraag je dan om?"

"Dat ik altijd met de Heer zal kunnen spelen, dat zal mijn verzoek zijn."

Een derde *gopi* zei: "Mag ik ook om een gunst vragen?"

"Wat zou het zijn?"

"Dat de Heer boter uit mijn handen eet![37] Dat is de gunst waarom ik zal vragen."

Een andere *gopi* zei: "Hij moet mij meenemen naar Mathura, daar ga ik om vragen."

"I wil hem altijd koelte toe kunnen wuiven," zei een ander.

---

[36]   De gopi's waren koeienherderinnen en melkmeisjes die in Vrindavan woonden. Ze waren de meest intieme toegewijden van Krishna en waren bekend om hun zeer sterke toewijding aan de Heer.

[37]   Als kind was Krishna gek op boter en yoghurt. Hij stal onschuldig boter van de gopi's en stond bekend als de kleine boterdief.

De *gopi's* merkten op dat Radha geen woord gezegd had. Een van hen zei: "Radha, waarom zeg je niets? Welke gunst ga jij vragen? Zeg het ons, Radha!"

Ze bleven aandringen totdat Radha uiteindelijk zei: "Als ik een verlangen naar iets voel, offer ik dat verlangen aan de voeten van mijn Heer. Wat Zijn wil ook is, dat is ook mijn wil. Zijn geluk is mijn geluk."

Laat dus alles aan Gods wil over. We kunnen er zelfs niet zeker van zijn dat we een volgende keer in kunnen ademen. We hebben daarover geen controle. Het is Gods wil die overheerst. Wat we kunnen doen is te proberen vooruit te gaan met de vermogens die God ons gegeven heeft. Houd nooit op moeite te doen. Het is essentieel dat we ons inspannen, dat we ons beste beentje voorzetten bij alles wat we doen.

Prakrti, vikrti, samskrti

Een andere vraag is hoe we dit leven, dat God ons gegeven heeft, moeten leiden. *Prakrti, vikrti, samskrti* is een algemeen gezegde. Er zijn vier mannen. Ieder heeft een stuk brood. De eerste man eet zijn brood op zodra hij het krijgt. De tweede man pakt het brood van de derde man af en eet dat ook op. De vierde man geeft de helft van zijn brood aan de derde man die zijn stuk verloren heeft.

Het gedrag van de eerste man is *prakrti*, zijn aard. Hij denkt aan zijn eigen geluk. Hij schaadt niemand en helpt niemand. Het gedrag van de tweede man is *vikrti*, een misvorming van de normale aard. Hij vervult zijn eigen egoïstische verlangens, waarbij hij anderen zelfs benadeelt. Het gedrag van de vierde man is *samskrti*, echte verfijning. Hij geeft anderen wat hij heeft, en vindt het welzijn van de wereld belangrijker dan zijn eigen geluk. Ook wij moeten in staat zijn om dit leven van ons te delen voor het welzijn van anderen. Dit is *samskrti*, echte cultuur, echte verfijning.

Sommige mensen zeggen: "Wat ik vergaard heb, heb ik verloren en wat ik weggegeven heb, heb ik nog steeds." Wat betekent dit? Als we iets aan anderen geven, krijgen we het zeker morgen terug, zo niet vandaag. Alles wat we daarentegen uit egoïsme oppotten, zal binnen korte tijd verloren gaan. Wat er ook gebeurt, we kunnen niets met ons meenemen wanneer we sterven. Maar als we geven, wordt ons hart vol, net als het hart van degenen die van ons ontvangen Amma herinnert zich in dit verband een verhaal.

Een jongen kwam altijd voorbij een weeshuis op weg naar school. Hij zag de ongelukkige gezichten van de weeskinderen en dat deed zijn hart smelten. Het was bijna Onam en zijn vader gaf hem wat geld. Hij dacht: "Ik heb mijn vader en moeder die speelgoed en nieuwe kleren voor me kopen. Maar wie maakt die kinderen gelukkig? Zij hebben geen ouders. Ze hebben niemand die ze als van hen kunnen zien. Ze moeten erg verdrietig zijn!" Plotseling kreeg hij een idee. Hij ging naar zijn vrienden en zei: "Laten we het geld dat we voor Onam krijgen, bij elkaar leggen en wat speelgoed en maskers kopen. We kunnen die dingen in de stad verkopen en op die manier geld verdienen. En met dat geld kunnen we meer dingen kopen en die ook verkopen. Met die inkomsten kunnen we genoeg speelgoed kopen en het aan de kinderen in het weeshuis geven."

Maar de andere kinderen vonden het geen goed idee. Met hun geld wilden ze speelgoed voor zichzelf kopen. Ze dachten alleen aan hun eigen geluk. Ten slotte stemde één jongen ermee in met hem mee te doen. Dus die twee legden hun geld bij elkaar en kochten speelgoed en maskers. Ze droegen de maskers en gingen naar de drukke kruispunten in de stad en voerden een show op. De mensen barstten in lachen uit toen ze hun fratsen zagen. De jongens zeiden tegen iedereen: "Koop alsjeblieft wat maskers en speelgoed van ons en geef ze aan je kinderen. Het zal hen aan het lachen brengen en gelukkig maken en jullie zullen ook gelukkig zijn. Jullie lachen wanneer jullie ons met deze maskers zien spelen, maar er zijn er veel die niet kunnen lachen. Help ons alstublieft hen te laten lachen door iets van ons te kopen!"

De mensen waardeerden de woorden en het gedrag van de jongens en ze kochten de hele voorraad. De jongens kochten toen met dat geld meer artikelen en verkochten die allemaal. Met de opbrengst kochten zij veel speelgoed en maskers. Op de dag van Onam namen de twee jongens alle cadeautjes mee naar het weeshuis. Toen ze aankwamen, voelden de weeskinderen zich ellendig en konden zelfs niet glimlachen. De jongens riepen hen allemaal en zetten hen een masker op. Ze staken sterretjes aan en gaven er een aan ieder kind. De kinderen vergaten hun verdriet. Ze dansten van vreugde en renden lachend en spelend rond. Ondertussen vergat de jongen die dit allemaal georganiseerd had, helemaal om zelf een masker op te zetten en sterretjes voor zichzelf aan te steken. Hij keek naar de pret, de fratsen en het gelach van de anderen en was zich van niets anders bewust. Door hun geluk vergat hij zichzelf helemaal en zijn ogen liepen over met tranen van vreugde. Het geluk dat hij ervoer was veel groter dan dat van al zijn vrienden. Hij nam niets voor zichzelf, maar hij ontving alles van wat hij gaf. Dit is het geweldige van compassie. We krijgen alleen terug wat we geven: liefde als het liefde is en kwaadheid als het kwaadheid is.

Kijk naar de wereld, mijn kinderen! Zo veel mensen lijden. Talloze mensen zijn zo arm dat ze zich zelfs niet één maaltijd kunnen permitteren. Er zijn mensen die verschrikkelijk pijn lijden omdat ze zich geen pijnstillers kunnen veroorloven. En terwijl dit allemaal gebeurt, verkwisten anderen hun geld aan tabak, alcohol en dure kleren. Als ze zouden willen, kon de tien procent rijke mensen in dit land de armen helpen. Als ze echt zouden willen, zou er in dit land geen armoede meer zijn. In werkelijkheid zijn de echt armen degenen die rijk geworden zijn door het deel dat aan anderen toebehoort, voor zichzelf te vergaren. Ze beseffen dit alleen niet.

Het doel van het leven is naar binnen kijken en het Zelf kennen. Alleen zij die het Zelf kennen, zijn echt rijk. Zij bezitten echte rijkdom Er is niets voor hen om zich zorgen over te maken. Degenen die dicht bij hen komen, kunnen ook aan die rijkdom deelnemen en ervan genieten.

Negentig procent van alle fysieke en mentale problemen komen voort uit de pijn van het verleden. Op dit moment dragen we die wonden door het leven mee. De enige manier om die wonden te genezen is van elkaar te houden met een open hart. Zoals het lichaam voedsel nodig heeft om te groeien, zo heeft de ziel liefde nodig. Uit die liefde halen we de kracht en vitaliteit die we zelfs niet uit moedermelk kunnen krijgen. Laten we allemaal proberen een te worden door wederzijdse liefde! Laat dat onze gelofte zijn!

Deel 2

Zoek je toevlucht alleen bij Mij

Geef alle dharma's op,
en zoek je toevlucht alleen bij Mij.
Ik zal je van alle zonden bevrijden.
Treur niet!

– Bhagavad Gita 18, 66

Mijn kinderen,
Zelfrealisatie is het vermogen
om onszelf in alle levende wezens zien.

– Sri Mata Amritanandamayi

Geef alles aan God over

Mijn kinderen, onze geest zit vast aan materiële dingen. Onze geest zit vol egoïsme. Daarom is er in ons geen plaats voor God om te wonen. De reden dat we naar een ashram gaan en onze toevlucht tot een spiritueel meester zoeken is dat we vrij van deze aandoening willen worden en onze geest willen zuiveren. Maar tegenwoordig bidden mensen zelfs in zulke plaatsen om materiële rijkdom. Ze spreken de woorden uit: "Ik heb veel liefde voor God," maar wat nodig is, is de dingen die de geest gebonden houden, overgeven. Pas dan zal onze overgave en liefde voor God ons duidelijk bekend worden.

Een meisje schreef haar vriendin een brief voor haar verjaardag. "Ik was zo blij toen ik aan je verjaardag dacht. Ik heb een eeuwigheid besteed aan het zoeken naar een mooi cadeau voor je. Uiteindelijk vond ik het in een winkel, maar het kostte tien roepies. Daarom heb ik het niet gekocht. Misschien koop ik het voor je bij een andere gelegenheid." Het meisje hield erg veel van haar vriendin. Ze had gezegd dat ze zelfs haar leven voor haar vriendin zou geven, maar ze was niet bereid tien roepies voor haar uit te geven. Zo zijn onze liefde en devotie voor God. We belijden alleen met de mond: "Ik heb alles aan God overgegeven."

Om iets te krijgen beloven we een kokosnoot aan de godheid in de tempel. Maar als we eenmaal hebben wat we wensten, zoeken we de goedkoopste, kleinste kokosnoot uit om aan God te offeren. Mijn kinderen, echte liefde en devotie zijn helemaal niet zo. We moeten bereid zijn om zelfs ons leven op te offeren. Als we iets aan God geven, zijn wij het die ervan profiteren. Als we anders denken, is het als het vullen van een emmer met water uit de goot en dat aan een rivier aanbieden met de woorden: "Rivier, jij moet veel dorst hebben! Drink dit!" God heeft niets van ons nodig. Het is God die ons alles geeft. God is degene die ons zuivert. Door ons met God te verbinden, worden wij gereinigd.

Mijn kinderen, alleen een geest met besef van *dharma* kan dicht bij God komen. Hoe waren de mensen vroeger? Ze waren bereid zelfs hun leven ter wille van een jong vogeltje op te offeren. Dit besef van *dharma* brengt ons dichter bij God, het Hoogste Wezen. De ruimheid van onze geest geeft ons het recht om dicht bij God te zijn en laat Gods eigenschappen in ons weerspiegelen. Zo'n geest voedt de goddelijke eigenschappen die al in ons zijn. Onze goede daden en positieve eigenschappen zijn als mest die het zaadje voeden zodat het tot een boom kan uitgroeien. Gods genade bereikt een egoïstische geest niet. We moeten ons egoïsme opgeven als we voor goddelijke genade in aanmerking willen komen. Het pad van *dharma* volgen is de manier om dit te bereiken. Zoals we tien zaadjes krijgen door er één te zaaien, krijgen we duizendvoudig terug wat we aan God geven. Als we ons aan God overgeven, krijgen we dat duizendvoudig terug. God is de kracht die ons beschermt en niet iemand die wij moeten beschermen. Dit moeten we duidelijk begrijpen.

Als we onze geest en ons lichaam niet aan God over kunnen geven, kunnen we onze verlangens dan niet overgeven? Maar we moeten eerst het egoïsme overgeven dat hiervoor een hindernis is.

Moet je je bagage blijven dragen nadat je in de trein bent gestapt? Zet het neer! De trein zal de lading dragen en die naar het doel brengen. Laat je last los. Je hoeft die niet langer zelf te dragen.

Als we vertrouwen in God hebben, groeit de houding van overgave in ons en ervaren we vrede en harmonie. Zolang iemand egoïstisch is, moet hij zelf de last dragen; God is daarvoor niet verantwoordelijk. Het is niet voldoende als je vertrouwen hebt in je dokter. Je moet de medicijnen innemen en het dieet dat hij voorstelt, volgen. Alleen vertrouwen in God is niet genoeg. We moeten volgens Gods principes leven. Zo worden we genezen van de ziekte van *samsara* (de eindeloze cyclus van geboorte, dood en wedergeboorte) en bereiken ons doel.

Mijn kinderen, leg al jullie lasten aan Gods voeten en leef in vrede en harmonie!

Devotie is positief handelen

Niet degenen die God alleen maar prijzen, maar degenen die volgens Zijn principes leven, komen voor Zijn genade in aanmerking. Zij zijn degenen die in het leven vooruitgaan.

Een rijke man had twee dienaren. De ene volgde hem overal en riep steeds: "Meester! Meester!" Hij prees zijn meester voortdurend, maar voerde niets uit. De andere dienaar ging bijna nooit naar zijn meester. Hij was helemaal gericht op het werk dat hem was opgedragen. Hij werkte voor zijn meester, waarbij hij van eten en slaap afzag. Van welke dienaar hield de meester?

Rama's genade stroomt meer naar degenen die volgens zijn woorden leven dan naar degenen die de hele tijd "O Rama! Rama!" roepen. God is gelukkiger met degenen die *tapas* doen en onbaatzuchtig dienen. Dit betekent niet dat we niet om God mogen roepen. Maar om God roepen heeft alleen effect als het van goede daden vergezeld gaat. Negatieve daden doen de positieve resultaten teniet die we verkrijgen door het reciteren van de goddelijke namen, en vernielen onze goede *samskara's*.

Mensen gaan naar tempels en lopen drie keer om de godheid heen. Als ze naar buiten gaan, schelden ze de arme bedelaar uit die bij de deur staat. Ze schreeuwen naar hem dat hij weg moet gaan. Mijn lieve kinderen, dit is helemaal geen devotie. Compassie met de armen is onze plicht tegenover God. Mijn kinderen, jullie doen goede dingen, maar ook slechte dingen. Hierdoor verliezen jullie de resultaten die jullie gekregen hebben door jullie positieve handelingen. Als je een hoop suiker aan de ene kant hebt en een grote mierenkolonie aan de andere kant, wat heb je dan nog meer nodig om de suiker te laten verdwijnen? Het is genoeg om de mantra een paar keer te herhalen als dat vergezeld gaat van goede daden. Dit staat gelijk met de mantra een hele dag herhalen. Ons leven moet door onze goede gedachten en daden gezegend worden. Het is niet erg moeilijk om dit te bereiken. Probeer in alles alleen het goede te zien. Wees niet jaloers op iemand. Leef zonder onnodige luxe. Als je gewend bent om tien sari's per jaar te kopen, breng het aantal dan eerst terug tot zeven en daarna tot vijf. Breng het aantal onnodige aankopen op deze manier terug en koop alleen wat nodig is. Besteed het geld dat je op deze manier uitspaart, aan een goed doel. Er zijn kinderen die niet naar school gaan, omdat ze het schoolgeld niet kunnen betalen. We kunnen hen helpen het schoolgeld te betalen. Laten we op zijn minst dat beetje aan de samenleving bijdragen. De mantra's die herhaald worden door mensen die zulke bijdragen leveren, zijn God het dierbaarst, omdat goede daden de weg zijn die ons naar God leiden.

Jullie vragen misschien: "Kreeg Ajamila[1] geen bevrijding door de goddelijke naam slechts één keer te herhalen?" Wel, het was niet die ene herhaling die hem naar God leidde. Het was het resultaat van de goede daden die hij ooit in het verleden verricht had.

Er was eens een koopman die zijn hele leven doorbracht met het kwetsen van anderen. Hij had geen enkele goede daad verricht. Omdat hij het verhaal over Ajamila gelezen had, gaf hij al zijn kinderen goddelijke namen, zodat hij hun namen op zijn sterfbed

---

[1] Het verhaal over Ajamila wordt in de Shrimad Bhagavatam verteld. Hij was een brahmaan die in slecht gezelschap terechtkwam, met een prostituee trouwde en een leven vol corruptie en wreedheid leidde. Hij was sterk gehecht aan de jongste van zijn tien zonen, die Narayana heette, wat een naam van Heer Vishnu is. Toen Ajamila op sterven lag en de naam van zijn zoon riep, verschenen de dienaren van Heer Vishnu onmiddellijk en joegen de gezanten van de Heer van de Dood weg, die gekomen waren om Ajamila's ziel mee te nemen.

zou noemen en bevrijding zou bereiken. [2] Toen de dood naderde, verzamelden zijn kinderen zich om hem. Hij opende zijn ogen en keek hen aan. Hij zag dat ze allemaal aanwezig waren. Hij maakte zich zorgen dat ze allemaal daar waren en dat er niemand op zijn winkel paste. "Wie is er in de winkel?" flapte hij eruit en blies toen zijn laatste adem uit. Dit is het lot van iedereen die door het leven gaat zonder aan God te denken en toch hoopt bevrijding te krijgen door alleen helemaal op het laatst tot God te roepen. De gedachten die in iemand aan het einde van zijn leven opkomen, komen overeen met de handelingen die hij zijn hele leven verricht heeft. Iemands handelingen beïnvloeden zijn laatste gedachten. Door ons leven met goede daden te vullen zullen er op het eind goede gedachten in ons opkomen.

Mensen met een gezin bereiken door onbaatzuchtig te handelen terwijl ze de goddelijke namen herhalen, hetzelfde resultaat als de heiligen die *tapas* deden. Door meditatie richt degene die *tapas* doet, de geest op één punt terwijl die gewoonlijk in allerlei richtingen afdwaalt. De wijzen, die volgens de spirituele principes leven, wijden de kracht die zij door hun ascese verkrijgen, aan de wereld. De wereld dienen is de weg die de meesters voorschrijven voor mensen met een gezin die niet de hele dag kunnen besteden aan mediteren en het herhalen van een mantra. Ze krijgen dan bevrijding door de genade van de meester, wiens hart smelt bij het zien van hun onbaatzuchtige dienstbaarheid. Een *Satguru* (gerealiseerde meester) is als een schildpad. Men zegt dat een schildpad haar eieren uitbroedt door haar gedachtekracht. Zo kunnen mensen met een gezin bevrijding verkrijgen door de gedachte van de *Satguru*. Wat men door belangeloos dienen verkrijgt doet op geen enkele manier onder voor wat men door *tapas* verkrijgt.

---

[2] In het hindoeïsme en andere oosterse religies gelooft men dat de laatste gedachte die in de stervende persoon opkomt, de aard van zijn volgende leven beïnvloedt.

Dit houdt niet in dat we niet om God hoeven te roepen. Het betekent dat onze gebeden vergezeld moeten gaan van positieve handelingen. God luistert niet naar het lege reciteren van Zijn namen. Het moet vergezeld gaan van onze goede handelingen. Zonder dit zullen we Gods compassie niet krijgen.

Heer Krishna moedigde Arjuna aan om te vechten. Hij zei niet: "Ik zal al die mensen wel vernietigen en jou redden. Ga hier maar zitten!" In plaats daarvan zei hij: "Je moet vechten, Arjuna! Ik ben bij je." Dit toont de noodzaak van menselijke inspanning.

De noodzaak van een Guru

Mijn kinderen, de voordelen van het doen van *tapas* moeten we begrijpen in het licht van de situaties waarin we ons bevinden. Als we met moeilijke situaties te maken krijgen, moeten we doorgaan zonder dat onze geest verzwakt en zonder te wankelen. Dit is ware grootheid. Vrede ervaren als je zit te mediteren en geërgerd zijn als je eruit komt, is niet juist voor een zoeker. Iedereen kan zonder begeleiding zingen, maar de bekwaamheid van een zanger met stembuigingen in harmonie met de grondtoon wordt alleen duidelijk wanneer hij met begeleiding van een harmonium zingt en maat houdt. Op dezelfde manier betekent echte stabiliteit voor een zoeker dat hij het ritme en de harmonie van de geest bewaart, hoe de omstandigheden ook zijn. Dat is echte *tapas*. Als kwaadheid opkomt, moeten we daar niet voor bezwijken. Aan woede toegeven en slaaf van de omstandigheden zijn passen helemaal niet bij een zoeker.

Er was eens een smid in een dorpje in de uitlopers van de Himalaya's. Hij boog metalen staven door erop te slaan op een steen bij zijn werkplaats. Toen hij op een dag naar de steen liep, vond hij daar een cobra. Die lag er de volgende dag nog, omdat hij zich door de kou niet kon bewegen. De smid porde de slang, maar hij verroerde zich niet. Omdat hij medelijden met hem had, nam hij hem mee naar de werkplaats en gaf hem melk en fruit.

Hij ging weer aan het werk. Hij verhitte een ijzeren staaf in het vuur en sloeg die in vorm. Toen hij staaf uit het vuur haalde, raakte die de slang aan. De cobra zette zijn schild uit, klaar om aan te vallen. De smid had gedacht dat de slang erg mak was en dat hij niemand kwaad zou doen. Maar toen hij aan de hitte in de smederij werd blootgesteld, had hij het niet langer koud en veranderde zijn aard. Op dezelfde manier is de geest 'bevroren' als men *tapas* doet, maar als men niet voorzichtig is, komen de aangeboren neigingen weer naar boven zodra de omgeving gunstig voor hen wordt. De spirituele aspirant moet daarom zijn geest sterk maken, zodat hij iedere situatie zonder te wankelen tegemoet kan treden en kan overstijgen. De taak van de Guru is om de leerling op dat niveau te brengen. In iedere situatie moet onze geest alles als God zien, als het Zelf. Pas dan kunnen we zeggen dat we sterk zijn.

We moeten onze geest trainen om alleen het goede, het goddelijke principe, in alles te zien. We moeten van de gelukzaligheid van het Zelf genieten als een bij die in bloemen naar honing zoekt en alleen honing proeft. Als er ergens kwaadheid of ego in de leerling verborgen is, is het de taak van de meester om dat aan het licht te brengen en uit te roeien. De volwassenheid die een leerling verkrijgt door korte tijd in de aanwezigheid van de meester te zijn, kan niet bereikt worden door lange tijd alleen maar spirituele oefeningen te doen. Als de meester de leerling werk geeft, hoe moeilijk of gemakkelijk de taak ook is, is de bedoeling van de meester om het ego van de leerling te elimineren en hem klaar te maken voor de realisatie van het Zelf. Wat de leerling nodig heeft is een getuigschrift van de meester. Het is de plicht van de leerling om ieder woord van de meester te gehoorzamen. De leerling moet een stuk gereedschap in de handen van de meester worden, als een hamer in de handen van een smid. De leerling moet iedere opdracht van de meester accepteren. De meester heeft absolute autoriteit en het zeggenschap over de leerling. Alleen als de leerling toestaat dat hij een instrument wordt, is er vooruitgang. Een jonge leerling zakte in iedere klas vier of vijf keer voordat hij slaagde. Uiteindelijk slaagde hij erin om de tiende klas te halen, de hoogste klas in de school. De jongen was ervan overtuigd dat hij niet zou slagen, zelfs als hij het examen van de tiende klas tien keer zou doen. Maar zijn leraar besloot dat hij de jongen zou helpen om dat jaar te slagen. Dag en nacht onderwees hij de jongen alle lessen, zonder te rusten. Hij zorgde er vooral voor dat de aandacht van de jongen niet van zijn studie afdwaalde. Uiteindelijk kwam de tijd van het examen. De jongen legde het examen af en slaagde bij de eerste poging. De *Satguru* is als die leraar, die een leerling deed slagen die alle anderen als incompetent hadden afgeschreven. Het is heel moeilijk om de wereld van het Zelf te bereiken, zelfs als we het duizend levens proberen. Maar met de hulp van een meester kan de leerling verlichting in slechts één leven bereiken.

Bij de meester mogen wonen betekent niet dat men als leerling geaccepteerd is. De meester accepteert iemand pas als leerling nadat hij hem grondig geobserveerd en getest heeft. Een echte leerling heeft volledig vertrouwen in ieder woord van de meester en reageert met oplettende aandacht op die woorden. De leerling heeft ook de houding van overgave aan de meester.

Alleen door verzaking kan men onsterfelijkheid verkrijgen

Mijn kinderen, we hebben vaak de mantra gehoord *Tyagenaike amritatvamanashuh* (Alleen door verzaking kan men onsterfelijkheid verkrijgen). Dit is niet een mantra die men alleen hoeft te herhalen of ernaar te luisteren. Het is een principe dat men in het leven moet nastreven. Men moet het meer leven dan reciteren.

Als onze baby ziek wordt, zullen we hem naar het ziekenhuis brengen. Als we geen auto kunnen vinden, gaan we lopen, zelfs als het ziekenhuis ver weg is. We zijn bereid om een knieval voor wie dan ook te doen om onze baby te laten opnemen. Als er geen privé kamers beschikbaar zijn, zijn de ouders bereid om de nacht in de slaapzaal door te brengen en zelfs op de vuile vloer te slapen, hoe hoogstaand en machtig ze ook zijn. Ze nemen dagen lang achter elkaar vrij van hun werk om over hun kind te waken. Maar dit wordt allemaal voor hun eigen baby gedaan en voor hun eigen innerlijke rust. Daarom kan het geen echte verzaking of opoffering genoemd worden.

We zijn bereid om de trappen van de rechtbank vele malen op en af te klimmen voor een paar vierkante meter land, maar we doen dit voor ons eigen eigendom. We geven slaap op en maken 's avonds overuren, maar dit doen we om meer geld voor onszelf te verdienen. Dit alles kunnen we geen verzaking noemen.

Verzaking is je eigen comfort en geluk opgeven om anderen te helpen. Als we ons zuurverdiende geld uitgeven voor een lijdende medemens, is dat verzaking. Het kind van de buren ligt ziek in het ziekenhuis en er is niemand om te helpen. Als wij dan vrijwillig nachten in het ziekenhuis doorbrengen om op het kind te passen[3] zonder iets terug te verwachten, zelfs geen glimlach, is dat verzaking. Als we het geld dat we uitsparen door eigen comfort op te geven, aan een goed doel besteden, kunnen we dat ook verzaking noemen.

Door zulke handelingen kloppen we op de deur naar de wereld van het Zelf en onze onbaatzuchtige daden openen die deur voor ons. Alleen zulke daden zijn echt *karma yoga* (het pad van onbaatzuchtig handelen). Onbaatzuchtige activiteit leidt de individuele ziel naar de wereld van het Zelf, terwijl andere activiteit naar de dood leidt. Geen enkele handeling die met de houding 'ik' en 'mijn' verricht wordt, zal ons ooit baten.

---

[3] Anders dan in westerse ziekenhuizen geven verpleegkundigen in Indiase ziekenhuizen alleen medische behandeling. Daarom blijft er een vriend of familielid bij de opgenomen patiënt in het ziekenhuis om medicijnen te kopen en de patiënt te helpen bij zijn persoonlijke behoeften.

We bezoeken een vriend die we lange tijd niet gezien hebben en we geven hem vol liefde een bos bloemen. Maar wij zijn degenen die het eerst van de schoonheid en de geur van het boeket genieten en de voldoening van het geven ervaren. Zo ervaren we ook vreugde en voldoening als we onbaatzuchtig handelen.

Er is een aura rondom ons lichaam en zoals onze stem op een band opgenomen wordt, laten al onze handelingen hun indruk op de aura achter. Als iemands handelingen onbaatzuchtig zijn, wordt zijn aura goudkleurig. Alle hindernissen verdwijnen op de weg van zulke mensen, ongeacht wat ze zich ten doel stellen. Alles is hun gunstig gezind. Wanneer ze sterven, lossen ze op in de gelukzaligheid van het Hoogste Wezen, de Absolute Realiteit, net zoals het gas in een fles met prik opgaat in de atmosfeer als de fles kapot gaat. De aura van degenen die negatieve handelingen verrichten wordt daarentegen donker en ze zijn nooit vrij van problemen en hindernissen. Als zij sterven, blijft hun aura beneden op het aardse niveau en wordt voedsel voor insecten en wormen. En ze moeten hier opnieuw geboren worden.

Mijn kinderen, zelfs als iemand die onbaatzuchtig handelt, niet de tijd vindt om een mantra te herhalen of te reciteren, zal hij toch onsterfelijkheid bereiken. Zo iemand is als nectar, een weldaad voor anderen. Een onbaatzuchtig leven is de beste spirituele verhandeling die iemand kan geven. Anderen kunnen het zien en nastreven.

Liefdadigheid

Mijn kinderen, als we zonder aandacht en zonder onderscheid uit liefdadigheid geven, zullen we moeten lijden voor de daden van degenen die onze giften ontvangen. Als een gezonde man bedelend op je afkomt, geef hem dan geen geld. Maar je kunt hem wel eten geven. Zeg hem dat hij moet werken om de kost te verdienen. Door gezonde mensen geld te geven maken we hen lui. Ze kunnen het geld aan alcohol en drugs uitgeven. Ze kunnen veel negatiefs doen. Door hun geld te geven bieden we hun de gelegenheid om die negatieve dingen te doen en zullen ook wij de gevolgen moeten ondergaan. Als zulke mensen om geld vragen, biedt hun dan betaald werk aan. Je kunt hun wat werk in je tuin aanbieden of ieder soort werk. Betaal hen pas nadat het werk gedaan is. Zoek uit of de persoon bereid is om dat te doen. Mensen die niet bereid zijn te werken, zijn destructief. Zo iemand helpen is iemand lui maken en zo brengen we de samenleving schade toe. Als we iemand gratis te eten geven, zal hij gewoon niets zitten doen, ziek worden door gebrek aan beweging en een last voor zichzelf en de wereld worden. De grootste verzameling luie mensen kun je zien voor liefdadige instellingen waar gratis voedsel wordt uitgedeeld.

Maar we kunnen de armen helpen die door hun slechte gezondheid niet kunnen werken. We kunnen weeskinderen helpen die geen onderwijs kunnen betalen. We kunnen die kinderen helpen door hun schoolgeld en andere kosten te betalen. We moeten weduwen helpen die worstelen omdat ze geen middelen van bestaan hebben. We kunnen mensen helpen die hun armen en benen verloren hebben en zelfs niet om voedsel kunnen bedelen. We kunnen medicijnen kopen voor de armen die ziek zijn en zich geen medicijnen kunnen permitteren. We kunnen geld doneren aan ashrams en andere instellingen die hulpprojecten hebben, maar we moeten eerst achterhalen of ze het geld werkelijk aan het helpen van arme en lijdende mensen uitgeven. Ashrams en dergelijke instellingen kunnen diensten verlenen die de samenleving ten goede komen. Dus door hen te steunen helpen we de samenleving als geheel. Daarom moeten we erg voorzichtig zijn en onderscheid maken als we aan liefdadigheid doen. Onze goedheid en de hulp die we geven, mogen nooit tot wangedrag bij de ontvanger leiden. Ongeacht wie we helpen, we moeten nooit vriendelijkheid terug verwachten. Soms krijgen we scheldwoorden terug. De verwachting dat iemand in ruil vriendelijk voor ons zal zijn, veroorzaakt alleen verdriet. Onze geest moet als een wierookstokje zijn dat opbrandt terwijl het voor iedereen zijn geur verspreidt, ook voor degene die het aangestoken heeft. Dit brengt ons aan de voeten van het Hoogste Wezen. We moeten van nut zijn, zelfs voor degenen die ons kwaad doen. We moeten de houding hebben bloemen aan te bieden in ruil voor de doornen die men naar ons werpt. Door onze geest op deze manier te ontwikkelen kunnen we in vrede en harmonie leven.

Lach van ganser harte

Mijn kinderen, is er iemand onder ons die niet graag lacht? Natuurlijk niet. Als er mensen zijn die niet lachen, komt dat door de pijn en het verdriet die hun hart vullen. Als dat lijden verdwijnt, zullen ze vanzelf lachen. Maar hoeveel van ons kunnen tegenwoordig van ganser harte lachen? We glimlachen wanneer we grappen maken of bij onze vrienden zijn, maar tegelijkertijd is er pijn in ons. Een echte glimlach komt uit het hart. Alleen een oprechte glimlach doet ons gezicht stralen en verlicht het hart van de mensen om ons heen.

De lach van veel mensen is niet meer dan het ontspannen en samentrekken van bepaalde gelaatsspieren. Er is geen zuiverheid van hart in zo'n lach. Lachen om de fouten van anderen is geen echte lach. We moeten om onze eigen fouten in lachen kunnen uitbarsten. We moeten intens kunnen lachen en alles vergeten en ons alleen de Hoogste Waarheid herinneren. Dat is echt lachen, de lach van gelukzaligheid. Maar zijn we hiertoe in staat?

Tegenwoordig lachen we vooral als we ons de gebreken van anderen herinneren of negatieve dingen over anderen zeggen. Mijn kinderen, kwaadspreken over anderen is onszelf belasteren.

Amma herinnert zich een verhaal. Een meester had twee leerlingen. Ze waren allebei even egoïstisch en ze bekritiseerden elkaar voortdurend. Hun gedrag veranderde niet, hoe vaak de meester hen ook advies gaf. Ten slotte vond de meester een oplossing. Op een nacht toen beide leerlingen diep in slaap waren, verfde hij hun gezichten in heldere kleuren, zodat ze er als clowns uitzagen. Toen de eerste 's morgens wakker werd en het gezicht van de ander zag, begon hij luid te lachen. "Ha ha ha!" bulderde hij. Toen de tweede leerling dit hoorde, stond hij ook op. Zodra hij het gezicht van de andere man zag, barstte ook hij in lachen uit. Ze schaterlachten. Terwijl dit gebeurde, bracht iemand een spiegel, hield die voor een van de leerlingen en zei: "Kijk!" De leerling pakte de spiegel af, hield die voor het gezicht van de andere leerling, en zei: "Kijk hier!" Hierna bedaarde de lach snel bij hen allebei. Mijn kinderen, zo zijn wij ook. We spreken kwaad over anderen zonder te beseffen dat zij ook lol hebben om onze fouten.

Mijn kinderen, het is gemakkelijk om de fouten bij anderen te zien en om hen te lachen, maar dat moeten we niet doen. We moeten onze eigen fouten en gebreken ontdekken en daarom lachen. Dit zal ons op een hoger plan brengen.

Wat geluk betreft: er zijn twee manieren waarop we gelukkig kunnen worden. We zijn blij wanneer ons iets goeds overkomt of we zijn blij over de tegenspoed van anderen. Verdriet komt ook op twee manieren: er is ons eigen verdriet en het geluk van anderen vormt voor ons ook verdriet.

Een zakenman stuurde een schip vol koopwaar naar het buitenland. Maar het schip zonk. De zakenman was zo door leed overmand dat hij bedlegerig werd. Hij at niet meer, sliep niet meer en sprak niet meer. Hij piekerde alsmaar over zijn verlies. Hij werd door veel dokters en psychiaters behandeld, maar zijn leed en ziekte namen niet af. Hij bleef daar maar liggen. Toen kwam zijn zoon op een dag binnengerend en zei: "Vader, heb je het nieuws gehoord? De man die jou altijd uitdaagde, zijn bedrijfsgebouw is in brand gevlogen! Er is niets over! Hij heeft alles verloren!" Zodra de man die daar zo lang stil gelegen had, dit hoorde, sprong hij op en barstte in lachen uit. Hij zei: "Dat is geweldig! Ik heb altijd gedacht dat hem iets dergelijks moest overkomen vanwege zijn ego! Mijn zoon, breng me iets te eten! Snel!" Dit was iemand die tot dan toe niet had kunnen eten of slapen. Toch was hij plotseling in de wolken toen hij hoorde dat iemand anders alles verloren had.

Mijn kinderen, dit is de aard van ons geluk. Op dit moment hangt ons lachen af van het verdriet van anderen. Dat is geen echte lach. We moeten treuren met anderen wanneer zij treuren en blij zijn met hen wanneer ze gelukkig zijn. We moeten iedereen als deel van ons eigen Zelf zien. Alleen als ons hart door onze liefde en onbaatzuchtigheid zuiver wordt, beginnen we de gelukzaligheid te genieten die onze ware aard is. Pas dan kunnen we volledig lachen. Tot dan toe is onze lach slechts een vertoning, omdat we er geen echte vreugde bij ervaren.

Heb lief zonder gehechtheid en dien zonder verwachting

Mijn lieve kinderen, veel van jullie vragen zich misschien af waarom de ashram een ziekenhuis leidt. Incarneerde de Heer niet als Dhanvantari, de God van de geneeskunde? Liet hij ons niet zien dat medicijnen en medische behandeling essentieel zijn? De geschriften zeggen dat we het lichaam in stand moeten houden. Als we het leven van de grote heiligen uit het verleden onderzoeken, kunnen we zien hoe waar dit is. Sri Ramakrishna, Swami Vivekananda, Ramana Maharshi, zij ondergingen allemaal een behandeling toen ze ziek werden. Ze bleven niet lijdelijk zonder behandeling zitten met de verklaring: "Ik ben Brahman (de Absolute Realiteit) en niet het lichaam." Omdat ziekte de aard van het lichaam is, is het belangrijk om een behandeling te ondergaan en het lichaam in stand te houden. Alleen als er brandstof is, kan er vuur zijn. Zo is het ook noodzakelijk om ons instrument te onderhouden als we het Zelf willen kennen. Spiritualiteit is niet onverenigbaar met ziekenhuizen en medische behandeling.

Integendeel, deze dingen helpen bij de instandhouding van het lichaam, dat het instrument is dat we gebruiken om het Zelf te kennen.

Er zijn veel mensen in de ashram komen wonen, nadat ze Amma ontmoet hebben. Ze komen uit India en het buitenland. Velen van hen zijn arts. Ze willen graag bij Amma zijn. Daarom dacht Amma dat ze hun de gelegenheid moest geven om *seva* (onbaatzuchtig dienen) te doen door het werk te doen waarmee ze vertrouwd zijn. Want hoeveel mensen kunnen er 24 uur per dag mediteren? Wat doen ze dan in de rest van de tijd dat ze niet mediteren? Als ze lanterfanten en niets doen, zullen er allerlei gedachten opkomen. Dat is ook activiteit maar het is voor niemand van nut. Maar als ze iets praktisch doen, zal het de wereld ten goede komen.

Sommige mensen zeggen misschien dat ze alleen bevrijding willen en niets anders, zelfs geen medische behandeling die misschien nodig is, en dat ze bereid zijn aan hun ziekte te sterven als het zover komt. Maar ze hebben ook Gods genade nodig om bevrijding te bereiken en om die genade te ontvangen, moeten ze innerlijke zuiver zijn. Om deze zuiverheid te ontwikkelen is onbaatzuchtig werken noodzakelijk. Door onbaatzuchtig werken komt men in aanmerking voor Gods genade. En om onbaatzuchtig te kunnen werken is het noodzakelijk het lichaam te ondersteunen door ziekten te behandelen.

Jnana (hoogste kennis) en *bhakti* (devotie) zijn als de twee zijden van een munt, en *karma* (activiteit) is de afbeelding op die munt. Juist de afbeelding geeft de munt zijn waarde.

Bhakti en *karma* kunnen als de twee vleugels van een vogel omschreven worden, terwijl *jnana* de staart is. Alleen met alle drie kan de vogel tot grote hoogten opstijgen.

Zelfs in de oude *gurukula's* werkten de leerlingen. Ze beschouwden het niet als *karma*. Voor hen was het *Guru seva*, het dienen van de Guru. Werk dat voor de Guru verricht wordt, is geen werk; het is meditatie. Men zegt dat men *seva* moet doen met de houding dat de ashram het lichaam van de Guru is. Later moet men de hele wereld als het lichaam van de Guru zien en die dienen. Dit is echte meditatie. Sterker nog, zich voortdurend dit principe herinneren is ook meditatie.

De meeste mensen kennen het verhaal van de leerling[4] die voor de doorgebroken dijk ging liggen zodat het hoge water de akker van zijn meester niet onder water kon zetten. Voor de leerling was die akker niet zomaar een akker. Hij was bereid om zelfs zijn lichaam op te offeren om de oogst van de meester te redden. Dit kan men niet gewoon werk noemen. De toestand waarin men zichzelf helemaal vergeet, dit is de hoogste staat van meditatie. In de oude tijd werd al het werk in de *gurukula* door de leerlingen gedaan. Ze sprokkelden brandhout in het bos, weidden de koeien en deden ander werk. Ze zagen dit niet als gewoon werk. Voor hen was het een spirituele oefening; het was het dienen van de *Guru* en een vorm van meditatie.

Honderden kinderen van Amma die goed opgeleid zijn en werkervaring hebben, komen hier. Hoe kunnen ze de hele dag beginnen te mediteren zodra ze hier komen? Werk verzetten dat de wereld ten goede komt, is zoveel beter dan zitten terwijl je niet goed kunt mediteren en de geest door steeds meer gedachten verontreinigd wordt. Iedereen kan werk verrichten dat met zijn capaciteiten overeenkomt terwijl hij een mantra herhaalt. Dit komt zowel hem als de wereld ten goede. Het creëert innerlijke zuiverheid en brengt ons dichter bij het doel.

Niemand kan het doel zonder inspanning bereiken. Inspanning is onontbeerlijk zowel in het wereldse als spirituele leven. Maar goddelijke genade brengt onze inspanning tot voltooiing

---

[4] Een verhaal uit het epos de Mahabharata. De leerling was Aruni, die met de zegen van zijn Guru een groot heilige werd.

en verleent het schoonheid. Een onbaatzuchtige houding laat je voor die genade in aanmerking komen.

Mijn kinderen, wanneer jullie de wereld onbaatzuchtig dienen, kunnen jullie denken: "Door al dit werk heb ik geen moment over om aan God te denken. Al mijn tijd gaat op aan werk. Zal mijn leven zinloos worden?" Maar zij die onbaatzuchtig werken, hoeven zich niet af te matten met zoeken naar God, omdat Gods echte heiligdom het hart is van degene die onbaatzuchtig dient.

Op deze manier is ieder instituut hier gegroeid. Toen Amma's kinderen met ervaring op het gebied van onderwijs kwamen, zetten zij scholen op. Computerexperts kwamen en deden mee en zij begonnen computerinstituten. Mijn kinderen die ingenieurs zijn kwamen en zij begonnen met de bouw van de instituten die nodig waren. Er kwamen artsen en zij waren behulpzaam bij het opzetten van de ziekenhuizen. Voor hen is dit alles geen werk; het is spirituele oefening, meditatie en *Guru seva*. Mijn kinderen, Amma zegt jullie dat het heilzaam is in contact te komen met hen die zichzelf vergeten en voor het welzijn van de wereld werken.

Sommige aanhangers van Vedanta zeggen dat werken nieuwe neigingen creëert zelfs als het voor het welzijn van de wereld wordt gedaan. Maar dat zijn de beweringen van luie mensen. In de Gita zegt Heer Krishna: "Arjuna, ik heb niets te winnen in alle drie de werelden. Toch blijf ik handelen."

Handel zonder gehechtheid. Handel niet met de houding: "Ik doe." Handel in plaats daarvan met de houding: "God laat mij dit doen." Zulk werk kan nooit gebondenheid veroorzaken, maar leidt naar bevrijding. In ieder deel van de Gita kun je zien dat er belang gehecht wordt aan menselijke inspanning.

Zelfs de aanhangers van Vedanta die zeggen: "Ik ben Brahman, waarom zou ik dus werken?" gaan naar de dokter wanneer ze ziek worden. Ze eisen dat ze precies om een uur hun middagmaal krijgen en hun bed moet om tien uur 's avonds opgemaakt zijn. Als zij al deze diensten nodig hebben, waarom komt het dan niet in hen op dat de wereld ook hulp nodig heeft? Als men het standpunt huldigt dat alles identiek is met het ene Zelf, dan kan niets afgewezen worden; alles moet geaccepteerd worden. Je kunt de spirituele houding van iemand inschatten door zijn mate van onbaatzuchtigheid te observeren.

Er zijn mensen die denken dat het enige wat een *sannyasi* hoeft te doen is naar de Himalaya's gaan en daar wonen. Mijn kinderen, de wereld onbaatzuchtig dienen is het begin van de echte zoektocht naar het Zelf. Het is ook het einde van die zoektocht. Onze plicht tegenover God is om vol compassie te zijn tegenover de mensen die lijden en in nood verkeren. Onze hoogste, belangrijkste plicht in deze wereld is onze medemensen helpen. God heeft niets van ons nodig. Het Hoogste Wezen is altijd compleet. De zon heeft geen kaarslicht nodig. God is de beschermer van het hele universum. God is de verpersoonlijking van liefde en mededogen. We groeien alleen door die liefde en dat mededogen in ons op te nemen. *Sannyasi's* leren om zonder gehechtheid lief te hebben en zonder verwachting te dienen. Ze moeten zich ontdoen van de bagage van het egoïsme en de last van het dienen van de wereld op hun schouders nemen.

We komen alleen voor Gods genade in aanmerking als we alle levende wezens kunnen liefhebben en dienen zonder egoïstische verlangens. Mediteren zonder innerlijk zuiver te worden door onbaatzuchtig te dienen is als het verspillen van melk door die in een vieze pot gieten. We vergeten deze waarheid. We vergeten onze verplichting om de mensen die zwoegen te helpen. We bezoeken de tempel en doen de aanbidding, maar als we naar buiten komen en geconfronteerd worden met hen die ziek zijn of geen werk kunnen vinden, negeren we hen. Of we schreeuwen naar hen en jagen hen weg, als ze hun hand naar ons uitsteken voor wat voedsel. Mijn kinderen, echte aanbidding van God is de liefdevolle vriendelijkheid die we de lijdende mensen tonen.

Dus, mijn kinderen, we moeten ons onder de lijdende mensen begeven. Maar naast het verlenen van hulp moeten we ook proberen de mensen enkele spirituele principes bij te brengen. Voedsel geven aan hongerlijdende mensen is belangrijk, maar niet genoeg. Zelfs als we hun maag vullen, zal de honger na korte tijd weer terugkomen. We moeten hun ook de spirituele principes uitleggen. We moeten hun het doel van het leven en de aard van de wereld uitleggen. Dan zullen ze leren om onder alle omstandigheden gelukkig en tevreden te zijn. Pas dan is onze hulp helemaal lonend.

Vandaag de dag streeft iedereen naar een hogere status in het leven. Niemand neemt de moeite om te denken aan de toestand van hen die minder fortuinlijk zijn.

Amma herinnert zich een verhaal. Er was een arme weduwe die als bediende in het huis van een rijke man werkte. Haar enige dochter was lichamelijk gehandicapt. De vrouw bracht het meisje mee als ze ging werken. De rijke man had ook een dochter. De dochter was erg dol op het kind van de bediende. Ze liefkoosde het kleine meisje, gaf haar snoepjes en vertelde haar verhalen. Maar haar vader vond dit niet leuk. Dag in dag uit berispte hij zijn dochter en zei: "Je mag niet met haar spelen! Waarom draag je dat vieze, kreupele kind steeds met je mee?" Zijn dochter antwoordde niet. De man dacht dat ze misschien met dat kind speelde omdat ze niemand anders had om mee te spelen. Daarom nam hij op een dag de dochter van een vriend mee naar huis. Zijn dochter zag het meisje, glimlachte, praatte met haar op een vriendelijke manier, maar pakte toen het kind van de bediende op en begon haar te knuffelen. Toen haar vader dit zag, vroeg hij: "Lieveling, mag je dit meisje niet dat papa meegebracht heeft om met jou te spelen?" Ze antwoordde: "Ik mag haar erg graag, maar ik wil graag iets zeggen. Zelfs als ik het meisje dat je meegebracht hebt niet zou mogen, dan heeft ze toch zoveel anderen die van haar houden. Maar papa, dit andere kind, als ik niet van haar houd, wie zal er dan van haar houden? Ze heeft geen vrienden."

Mijn kinderen, zo moet onze houding zijn. Jullie moeten met je hele hart van de arme en lijdende mensen houden. Voel met hen mee en breng hen op een hoger niveau hen. Dit is onze plicht tegenover God.

Jullie vragen misschien: "Als onbaatzuchtig dienen zo geweldig is, zijn meditatie en *tapas* dan nodig?" Mijn kinderen, als een gewoon iemand als een elektriciteitspaal is, is iemand die *tapas* doet als een transformator. Het is mogelijk om door *tapas* grote kracht te krijgen. Het is als het opwekken van elektriciteit door een dam te bouwen in een rivier die door negen verschillende geulen stroomt. Maar we moeten ook bereid zijn om de kracht die we door *tapas* krijgen aan het welzijn van de wereld te wijden. We moeten bereid zijn om alles op te offeren, zoals een wierookstokje dat opbrandt terwijl het overal geur verspreidt. Gods genade stroomt vanzelf naar hen die zo'n ruim hart hebben.

Mijn kinderen, we moeten proberen compassie te ontwikkelen. We moeten een drang voelen om de lijdende mensen te helpen. We moeten bereid zijn om in iedere situatie voor het welzijn van de wereld te werken.

Veel mensen mediteren door alleen hun ogen te sluiten of door alleen te proberen hun derde oog te openen en verder te gaan dan de twee ogen die de wereld waarnemen. Ze zullen daarin niet slagen. In meditatie zitten is erg belangrijk, maar het is niet genoeg. We kunnen onze ogen niet omwille van spiritualiteit voor de wereld sluiten. Ons eigen Zelf in ieder levend ding kunnen zien met onze ogen open, dat is Zelfrealisatie. We moeten onszelf in anderen zien en van hen houden en hen dienen. Zo bereikt spirituele oefening perfectie.

Deel 3

Met Zijn handen en voeten overal

Met Zijn handen en voeten overal,
met Zijn ogen, hoofden en oren aan alle kanten,
verblijft Hij in de wereld, alles omgevend.

- Bhagavad Gita 13, 14

Mijn kinderen,
alleen als we mensen kunnen creëren
die de kracht en vitaliteit van het Zelf
en een houding van overgave hebben,
zal dit land zich ontwikkelen en bloeien.

- Mata Amritanandamayi

Amma spreekt tot haar kinderen tijdens een Onamviering

Universele liefde,
de vervulling van devotie

Amma's boodschap bij de viering van Onam in Amritapuri

Het Onamfestival is een dag waarop we herinnerd worden aan de toegewijde die in het Hoogste Wezen opging. Alleen als we onze geest volledig aan God overgeven, kunnen we in Zijn voeten opgaan.

Maar hoe geven we onze geest over? Als we dat overgeven waaraan onze geest het meest gehecht is, staat dat gelijk met het overgeven van de geest. Tegenwoordig is onze geest het sterkst gehecht aan rijkdom. We zijn niet bereid om zelfs het kleinste ding op te geven. Als we op een spirituele pelgrimstocht gaan, houden we wat kleingeld bij de hand om aan bedelaars te geven. Maar zoveel mogelijk hebben we munten van een of twee *paisa*[1] verzameld, zeker niet iets met een hogere waarde dan vijf paisa. Het doel van liefdadigheid is onze egoïstische geest onzelfzuchtig te maken en tegelijkertijd de armen te geven wat ze nodig hebben. Maar zelfs hier zijn we vrekkig. We zijn zelfs krenterig als we een offergave aan de godheid in de tempel doen. Echte overgave aan God zit niet alleen in woorden, maar in onze daden. De oprechte toegewijde is hij die totale overgave aan God heeft. Nu hebben we niet eens het recht om het woord 'toegewijde' te uiten. Maar Mahabali was anders. Hij gaf alles wat hij had aan God. Als gevolg daarvan bereikte hij onmiddellijk de hoogste staat. Er wordt vaak gezegd dat de Heer met Zijn voet Mahabali in de Patala, de onderwereld, duwde. Maar dit is niet waar. De Heer liet Mahabali's ziel in Zich opgaan. En het lichaam, dat het product van onwetendheid was, werd gestuurd naar de wereld die het verdiende.

---

[1] Een paisa is een honderdste van een roepie.

Hoewel Mahabali geboren was in een geslacht van *asura's*[2], was hij een toegewijde die veel goede eigenschappen bezat. Maar hij was ook erg trots en dacht: "Ik ben de koning! Ik ben rijk genoeg om alles weg te geven." Hij besefte niet dat hij door zijn trots alles verloor wat hij verdiend had. Hoewel hij van nature vrijgevig was, verhinderde zijn trots dat hij volledig profijt van zijn vrijgevigheid had.

Het is de plicht van de Heer om het ego van de volgeling te verwijderen. De Heer benaderde Mahabali in de vorm van Vamana, de goddelijke dwerg.[3] Hij vroeg Mahabali om slechts hoeveelheid land die hij met drie voetstappen kon bestrijken. Mahabali, die de macht had om een heel koninkrijk weg te geven, dacht dat het een zeer onbeduidende hoeveelheid land was die de Heer van hem vroeg. Maar toen Vamana twee stappen gezet had, was alles wat Mahabali bezat verdwenen, omdat het hele koninkrijk bedekt was door die twee enorme voetstappen. En daarmee verdween Mahabali's ego ook. "Hoe onbelangrijk is al mijn rijkdom voor de Heer! Vergeleken met Hem, ben ik niets!" Deze nederigheid kwam in hem op. "Ik ben tot niest in staat. Alle macht behoort Hem toe!" Toen zijn trots verdwenen was, boog Mahabali voor de Heer. Hij ging volledig in de Hoogste Geest op. Omdat zijn besef van 'ik' en 'mijn' door de genade van de Heer vernietigd was, ging hij in Zijn voeten op. De Heer duwde Mahabali dus niet met Zijn voet de onderwereld in, zoals vaak wordt afgebeeld.

Op het laatst vroeg de Heer aan Mahabali: "Heb je nog wensen?" Mahabali antwoordde: "Ik heb slechts één wens: dat iedereen in deze wereld, jong en oud, voldoende kan eten, nieuwe kleren kan dragen en samen blij kan dansen; dat dit een wereld vol vreugde en vrede mag zijn." Dit is het ideaal van een echte

---

[2] Een duivel of iemand met duivelse eigenschappen.
[3] Een incarnatie van Heer Vishnu.

toegewijde. De toegewijde wenst geen Zelfrealisatie of bevrijding. Zijn enige verlangen is dat ieder levend wezen in deze wereld gelukkig is. Als je de weg naar God inslaat, zullen sommige mensen klagen dat je iedereen ter wille van je eigen bevrijding of de hemel in de steek gelaten hebt. "Is dat niet egoïstisch?" zeggen ze. Maar de toegewijde neemt alleen zijn toevlucht tot God zodat hij onbaatzuchtig van de wereld kan houden en die kan dienen. Daarom beoefent een toegewijde ascese. Zijn wens is een wereld te zien waar iedereen blij is om de goddelijke namen te reciteren..

Vandaag is de dag van volledige overgave. Zolang het besef van 'ik' blijft, kan men niet in de hoogste staat opgaan. Ons egoïsme moet volledig verdwijnen.

Amma herinnert zich een verhaal. In het oude koninkrijk Magadha leefde een koning die Jayadeva heette. Hij had drie zonen. Toen de koning oud werd, besloot hij troonsafstand te doen en het leven van een *vanaprastha* te beginnen. Gewoonlijk is de oudste zoon de troonopvolger, maar koning Jayadeva besloot de troon te geven aan de zoon die echt onbaatzuchtig van de mensen hield. Hij riep zijn drie zonen en vroeg: "Hebben jullie onlangs iets goeds gedaan?"

De oudste zoon zei: "Ja, ik heb iets goeds gedaan. Een vriend had me wat juwelen toevertrouwd om te bewaren. Toen hij ze later terugvroeg, heb ik ze hem allemaal teruggegeven."

"Wat dan nog?" zei de koning.

"Ik zou een paar juwelen hebben kunnen stelen," zei de prins.

"Waarom heb je ze dan niet gestolen?"

"Als ik iets gestolen zou hebben, zou mijn geweten geknaagd hebben en dat zou me verdriet gedaan hebben."

"Dus het was om verdriet te vermijden dat je niet gestolen hebt," zei de koning.

Hij riep de tweede prins en vroeg: "Heb jij iets goeds gedaan?"

"Ja. Toen ik op reis was, zag ik dat een kind meegesleurd werd in een snel stromende rivier. Hij verdronk bijna en de rivier was vol krokodillen. Hoewel er veel mensen in de buurt waren, had niemand de moed om hem te redden omdat men bang was voor de krokodillen. Maar ik ben in het water gesprongen en heb de jongen gered!"

"Waarom was je bereid om je eigen leven op te offeren om hem te redden?" vroeg de koning.

"Als ik dat niet gedaan had, zouden de mensen gezegd hebben dat ik daar uit vrees weggerend was hoewel ik de zoon van de koning ben. Ze zouden me een lafaard genoemd hebben!"

"Dus je hebt hem gered om door de mensen geprezen te worden en omwille van je reputatie," zei de koning.

Hij riep zijn derde zoon en vroeg: "Heb jij iets goeds gedaan?"

"Ik ben me niet bewust dat ik iets goeds gedaan heb," zei de jongste prins.

De koning was bezorgd toen hij dit hoorde. Omdat hij het antwoord van zijn zoon niet geloofde, riep hij zijn onderdanen en vroeg: "Weten jullie of mijn jongste zoon iets goeds gedaan heeft?"

Ze zeiden allemaal: "Hij vraagt altijd naar onze welzijn en geluk. Hij geeft ons geld als we het nodig hebben en helpt ons. Als we honger lijden, stuurt hij ons voedsel. Hij bouwt huizen voor de daklozen. De goede dingen die hij gedaan heeft, zijn ontelbaar, maar hij heeft ons opgedragen niemand iets over zijn activiteiten te vertellen."

Koning Jayadeva besefte dat zijn jongste zoon de beste van zijn zonen was en gaf hem de troon.

Mijn kinderen, wat jullie ook doen, de houding 'ik doe dit' mag er niet zijn. Doe geen dingen om indruk op anderen te maken. Beschouw iedere handeling als een manier om God te aanbidden. Alleen door Gods kracht kunnen wij iets doen. De bron zegt: "Mensen drinken van mijn water. Dankzij mij kunnen ze zich baden en wassen!" Maar de bron denkt er niet over na waar zijn water vandaan komt.

Mijn kinderen, we zijn enkel instrumenten. Alles is te danken aan Gods kracht. Vergeet dit niet! Geef je helemaal aan God over, als je door het leven gaat. God zal jullie beschermen.

Mijn kinderen, onze liefde en gehechtheid moeten op het Hoogste Wezen gericht worden. Allen die we nu van ons noemen, onze vrienden en verwanten, zullen ons zeker verlaten als de omstandigheden ook maar een beetje veranderen. Het Hoogste Wezen is ons echte familielid. Alleen het Hoogste Wezen is eeuwig. We moeten ons daar altijd van bewust zijn. Dan zullen we geen verdriet kennen.

"Moeder, als ik Uw hand vasthoud, laat ik die misschien los en ren speelgoed dat ik zie achterna. Soms val ik misschien in de kuilen die de vreugde en het verdriet van deze wereld zijn. Maar als U mijn hand vasthoudt, zal dat niet gebeuren, want U bent altijd bij me. Ik ben veilig in Uw handen." Bid zo, mijn kinderen. Zorg ervoor dat je niet ophoudt met denken aan God. Geef je volledig aan Hem over! Dan kunnen jullie zeker de hoogste staat bereiken.

Amrita Kripa Sagar, het hospitium voor terminale kankerpatiënten in Mumbai

Compassie, de kern van spiritualiteit

Amma's inzegeningtoespraak ter gelegenheid van de
eerstesteenlegging van Amrita Kripa Sagar, het hospitium
in Mumbai voor terminale kankerpatiënten, dat
Amma's organisatie, de M.A. Math, in 1995 opende.

Mijn kinderen, we hebben geen verhandelingen nodig, maar activiteit. Amma heeft nu in de meeste delen van de wereld gereisd. Ze heeft de mogelijkheid gehad om honderdduizenden mensen te ontmoeten en heeft de pijn die zij lijden, gezien. Daarom heeft Amma besloten om een instelling als deze op te richten.

Liefde is wat in de wereld van vandaag het meest ontbreekt. Veel echtparen komen voor *darshan* naar Amma. De vrouw zegt: "Amma, mijn man houdt niet van me!" Als Amma de man vraagt: "Mijn zoon, waarom houd je niet van haar?" is het antwoord gewoonlijk: "Ik houd wel van haar! Ik toon het alleen niet. Dat is alles!"

Mijn kinderen, dat is niet genoeg. Wat is het nut van honing die opgesloten zit in een steen? Wat heeft het voor zin ijs te geven aan iemand die van de dorst sterft? Daar komt het op neer wanneer je zegt: "Ik heb liefde voor haar binnen in me." Jullie liefde moet duidelijk uitgedrukt worden, mijn kinderen!

Zonder het paspoort van de liefde krijgen we het visum niet dat we voor bevrijding nodig hebben. De geschriften zeggen dat we moeten wensen dat de wereld van ons krijgt wat wij graag van de wereld willen ontvangen. We willen dat anderen ons blij maken en daarom mogen we anderen nooit verdrietig maken. Christus zegt dat je van je naaste moet houden zoals je van jezelf houdt. De Koran zegt dat je de ezel van je vijand moet behandelen als die ziek is. Maar tegenwoordig is onze manier van denken anders. Het leven is totaal veranderd. Er is geen compassie meer. We zijn blij als de winkel van de buren verlies lijdt of als de buren ongelukkig zijn. En als zij gelukkig zijn, voelen wij ons ongelukkig. Dit is de compassie die we voor anderen voelen!

Mijn kinderen, als jullie echte liefde hebben, is dat zelf de Waarheid. Echte liefde is God. Het is *dharma*. Het is gelukzaligheid.

Als er echte liefde is, kan men niet liegen, omdat er dan alleen ruimte voor de Waarheid is. We schaden degenen van wie we echt houden niet. In die toestand houdt alle geweld op. Waar echte liefde is, verdwijnt alle dualiteit. Langs een akker die onder water is gezet, vormen de dijken de grenzen. Als die dijken verwijderd worden, is er slecht één lichaam van water. In liefde verdwijnen alle verschillen vanzelf. Liefde omvat alles.

Sommige interpreteren liefde misschien anders en dat is prima. De man die naar een wei gaat om gras voor zijn koeien te zoeken, ziet daar gras. De kruidengenezer ziet medische planten in dezelfde wei. Mensen hebben een verschillende aard en dingen kunnen op een verschillende manier geïnterpreteerd worden. Maar dit is Amma's weg.

De krachtig stromende rivier heeft geen water nodig. Wij daarentegen hebben schoon water nodig om onze goten te reinigen. God heeft niets van ons nodig. Om ons heen lijden zoveel mensen. Laten we hen troosten. Laten we hun de hulp geven die ze nodig hebben. Dit is echte liefde voor God. Dit is het echte spirituele principe.

Veel kinderen van Amma zijn hier bitter huilend naar toe gekomen. Op een dag vroeg ze een huilend jongetje: "Wat is er gebeurd, mijn zoon?" Hij zei: "Mijn moeder heeft kanker en gisteren huilde ze acht uur lang omdat ze zoveel pijn had. We konden geen pijnstillers voor haar betalen."

Stel je die vrouw voor die acht uur lang van de pijn moest huilen omdat haar gezin niet de tien of twintig roepies had die de pillen kostten! Amma kent ontelbare van zulke mensen. Amma besloot diezelfde dag dat ze iets zou doen om die mensen te helpen. En daarom wordt dit hospitium gebouwd. Als Amma aan de pijn van die mensen denkt, schiet haar iets ander te binnen. Als iemand in een flat huilt omdat hij ondraaglijke pijn lijdt, vind je in de flat ernaast vaak mensen die helemaal dronken zijn en de boel kort en klein slaan. Als zij een beetje compassie zouden hebben met hen die van de pijn huilen, zou hun egoïsme verdwijnen.

Zij die vol compassie zijn, ervaren de compassie van God, die het Hoogste Principe is. Zij zullen in de gelukzaligheid van hun eigen Zelf feestvieren. De helden zijn degenen die blijdschap in zichzelf vinden. Dat is een teken van moed. Zij die voor hun vreugde van andere zaken afhankelijk zijn, zijn niet moedig. Zij zijn zwak.

De dokters stoppen de behandeling van een kankerpatiënt wanneer er niets meer voor hem gedaan kan worden. Wanneer de familie van de patiënt beseft dat de dokters niet langer kunnen helpen, beginnen zij de dokters te haten en laten ze de stervende persoon in de steek. Nu hij alle steun verloren heeft, sterft hij beetje bij beetje en wacht de dood af die ieder moment kan komen. Hij verdraagt zowel de lichamelijke pijn als het mentale leed dat door de afwijzing van de familie veroorzaakt wordt. We kunnen zulke mensen in de straten van Mumbai zien.

We willen allemaal de gelegenheid om spirituele oefeningen te doen en onbaatzuchtig te dienen. Laten we dan diegenen helpen en troosten die veel pijn hebben. Laten we ook met hen over spirituele waarden praten. Dit is Amma's hoop. Veel mensen die ziek zijn, hebben alle hoop verloren. De hulp die wij hun geven is echt dienen.

Mijn kinderen, bidden is niet alleen het reciteren van een mantra. Een vriendelijk woord, een glimlach, compassie, dit valt allemaal onder bidden. Hoeveel *tapas* we ook doen, zonder liefde en vriendelijkheid is het als melk in een vies vat gieten.

Sommige mensen vragen: "Wat is belangrijker, spirituele oefening of activiteit?" Echte *tapas* is het handhaven van het evenwicht van zowel het lichaam als de geest onder alle omstandigheden. Sommige mensen zijn goed in spirituele oefeningen maar barsten om de minste reden in woede uit. Als dit gebeurt, hebben ze geen idee wat ze doen of zeggen. Er zijn anderen die met grote oprechtheid en enthousiasme handelen, maar instorten wanneer ze met onbeduidende problemen geconfronteerd worden. Ze verliezen de controle over hun geest helemaal. Dus je richten op slechts een van de twee, spirituele oefening of activiteit, is niet genoeg. We hebben allebei nodig. Een gewoon iemand is als een kaars, maar hij kan stralen als de zon door *tapas* te doen. Maar in Amma's ogen is de echte *tapasvi* degene die ook zijn *tapas* aan de wereld wijdt.

Moge deze onderneming de zegen van jullie allemaal ontvangen. Dit is Amma's gebed.

Liefde is echte rijkdom

Amma's Onamboodschap 1995

Mijn kinderen, dit is de dag van eenheid en toewijding aan elkaar. Alleen hierdoor kunnen we echt geluk verkrijgen. Vandaag is de dag om echte vreugde te genieten. Daarom zeiden de mensen vroeger: "Vier feest met Onam, zelfs als je je land moet verkopen!" Hierachter schuilt een belangrijk principe. We willen graag alles in het leven vergaren. We potten alles op. We gaan zelfs zover dat we eten en slaap opgeven om te kunnen oppotten. We wedijveren met elkaar zonder veel liefde voor familie en vrienden. We denken alleen aan werk en geld. Maar niets van wat we verzamelen kan op het eind met ons meegaan. Als we naar degenen kijken die een egoïstisch leven lijden, kunnen we zien dat ze feitelijk in de hel wonen. En na de dood komen ze ook in de hel terecht. Mijn kinderen, het enige wat boven al het andere staat en eeuwig duurt, heeft niets te maken met rijkdom, macht, aanzien of positie. Het is liefde.

Een echtpaar had een gesprek. De man zei: "Ik ga een grote zaak opzetten. We zullen in de toekomst heel rijk worden." De vrouw zei: "Zijn we nu dan niet rijk?"

"Wat bedoel je? We hebben nauwelijks genoeg om de eindjes aan elkaar te knopen."

"Mijn lieverd, ben jij niet bij mij en ben ik niet hier bij jou? Waar hebben we dan gebrek aan?" Toen de man haar liefdevolle woorden hoorde, huilde hij tranen van liefde en omhelsde haar. Mijn kinderen, liefde is echte rijkdom. Liefde is echt leven.

Hoe rijk mensen tegenwoordig ook zijn, ze leven in een hel, omdat er geen liefde voor elkaar is. Bij hen tiert alleen egoïsme. Dit betekent niet dat we niet mogen proberen rijkdom te verwerven of dat rijkdom niet nodig is. Maar we moeten begrijpen dat niets voor altijd bij ons is, dat niets ons zal vergezellen. Als we dit begrijpen, zullen we niet dolblij zijn wanneer we rijkdom verkrijgen of in blijvend verdriet wegzinken als we het verliezen. Zelfs als we onze wereldse rijkdom verliezen, zal onze altijddurende rijkdom van liefde overleven en dat geeft vrede en harmonie in ons leven.

Veel mensen die aan Onam denken, zijn van mening dat Mahabali onrecht werd aangedaan. "Duwde de Heer met Zijn voet Mahabali niet de onderwereld in, hoewel Mahabali alles aan Hem had overgegeven?" vragen ze. Het is waar dat Mahabali alle materiële zaken had overgegeven, maar bij alles wat hij deed, had hij de houding '*Ik* doe dit'. Dat gaf hij niet op. Dat 'ik' was de gift waar de Heer om vroeg. Het is Gods plicht om zijn toegewijden te beschermen. Er wordt vaak gezegd dat het ego in het hoofd zit. Als we ons hoofd voor iemand buigen, verliezen we ons ego. Deze houding krijgt iemand niet gemakkelijk. Door voor de Heer te buigen verloochende Mahabali zijn lichaamsbewustzijn en ging de wereld van het Zelf in. Dit is het ideaal dat we van dit verhaal moeten leren.

Een rijke man had het verlangen om *sannyasi* te worden. Hij gaf al zijn rijkdom weg. Hij bouwde een kleine hut boven op een heuvel en verhuisde daarheen. Veel mensen die gehoord hadden dat er een nieuwe *sannyasi* op de heuvel woonde, kwamen hem opzoeken. En het enige wat hij kon zeggen was: "Weten jullie wie ik ben? Weten jullie hoe rijk ik was? Alles wat jullie daar zien, was van mij! Ik heb het allemaal aan verschillende mensen weggegeven." Hij had het allemaal weggeven en was vertrokken, maar niets was uit zijn geest verdwenen!

Dit was ook het geval met Mahabali. Maar het is Gods plicht om zijn toegewijde te redden. Wat die ruimdenkende, vrijgevige toegewijde in de weg stond bij de vooruitgang naar het doel was zijn ik-besef, zijn ego. Nederigheid en het verkrijgen van de genade van de *mahatma's* (grote heiligen) zijn onmisbaar voor het uitroeien van het ego.

Mijn kinderen, welk verhaal jullie ook kiezen, de belangrijkste boodschap is alleen liefde. Houd van elkaar! Heb lief met een open hart! Houd van elkaar zonder verwachtingen. Dan is het niet nodig om waar dan ook heen te gaan op zoek naar de echte hemel.

De spirituele beoefening van liefde

Er was eens een ashram waar een Guru met zijn leerlingen woonde. Nadat de meester zijn lichaam verlaten had, leefden de leerlingen een tijd harmonieus samen. Maar langzaam verslapten hun spirituele oefeningen. Ze hielden op met mediteren en het herhalen van hun mantra. Wederzijdse wrok en jaloezie namen toe. Het doel van iedereen werd positie en status. De atmosfeer van de ashram veranderde. Steeds minder mensen bezochten de ashram. Er heerste daar alleen stilte. Als mensen verzot worden op macht en prestige, worden ze gek. Dan zijn er geen regels meer voor wat er wel en niet gedaan moet worden. Maar een van de leerlingen was erg verdrietig over de toestand van de ashram. Hij bezocht een bejaarde heilige die in de buurt woonde en legde hem de situatie uit. Hij beschreef hoe de ashram, waar vroeger iedere dag honderden mensen kwamen en waar altijd een blije sfeer geweest was, nu als een begraafplaats was.

De heilige luisterde en zei: "Er is een heilige onder jullie. Maar hij verbergt zijn echte staat. Als jullie zijn woorden volgen, zal jullie ashram een nog hoger niveau bereiken dan eerst en zijn faam zal zich verspreiden." De leerling vroeg: "Wie is het?"

Maar de heilige was al weer in *samadhi*[4] verzonken. De leerling ging met het nieuws naar de ashram terug en hij dacht diep

---

[4] Een innerlijke toestand van perfecte eenheid met de Hoogste Geest, de Absolute Realiteit, waarin de degene die ervaart, de ervaring en dat wat ervaren wordt, een zijn.

na over wat hij had gehoord. "Wie is de heilige onder ons?" zei hij tegen een medeleerling. "Is het de kok? Waarschijnlijk niet. Hij kan niet eens goed koken! Door hem is het lang geleden dat we een goede maaltijd genoten hebben. Hoe kan hij een heilige zijn? Zou het de tuinman kunnen zijn? Nee. Hij besteedt nergens aandacht aan. Hij is erg impulsief. En de man die voor de koeien zorgt? Ook niet waarschijnlijk. Hij is vreselijk opvliegend." Hij ging door zo over iedereen na te denken. De andere leerling zei: "Waarom bekritiseren we wat zij doen? Men kan heiligen niet op grond van hun handelingen beoordelen. Hun handelingen zijn voor ons toekomstig welzijn bedoeld. We moeten nederig tegenover hen zijn om baat bij hen te vinden, nietwaar? Daarom moeten we geen aanmerkingen op hen maken. Laten we één ding doen. Laten we nederig zijn tegenover iedereen hier in de ashram. Laten we proberen om van de anderen te houden zonder kritiek op hen te hebben. Laten we de ashramdiscipline in acht nemen zoals vroeger." Ze probeerden allebei van iedereen te houden en ze waren beleefd en nederig in hun gedrag. Toen de anderen dit zagen, gingen zij zich ook op die manier gedragen. Iedereen begon zich gelukkig te voelen en de ashram verkreeg weer zijn vroegere feestelijk sfeer. Het werd zelfs een voorspoedigere plaats dan voorheen. En alle ashrambewoners kwamen in aanmerking voor Zelfrealisatie.

Mijn kinderen, liefde is de basis van alles. Compassie voor anderen is hetzelfde als overgave aan God.

Mijn kinderen, God is in ons, maar nu bestaat die innerlijke aanwezigheid alleen in een slapende vorm. Om dat zaadje te laten ontkiemen is het water van compassie nodig. Door de vloeistof van egoïsme gaat het dood; dat is zeker. Iets voor anderen doen en niet alleen voor zichzelf kunnen we compassie noemen. Alleen door water uit die bron kan het zaadje groeien.

Alleen meditatie is niet genoeg, mijn kinderen. Compassie is ook essentieel. Kleren kunnen met zeep gewassen worden, maar om de vlekken te verwijderen is er iets sterker nodig. Zo ook hebben we compassie en meditatie nodig. We moeten de liefde en het medegevoel in ons hart hebben die nodig zijn om de lijdende mens te helpen. Dit is echt dienen. Gods genade stroomt alleen naar een hart dat deze compassie heeft.

Innerlijke spirituele oefening

Amma zegt altijd dat meditatie even kostbaar is als goud. Meditatie is ideaal zowel voor spirituele als materiële vooruitgang. De munt van een bepaald land wordt alleen in dat land geaccepteerd; hij heeft geen waarde in een ander land. Zelfs in zijn eigen land heeft een bankbiljet geen waarde als het serienummer ontbreekt. Maar met een gouden munt is het anders. Zelfs als de beeltenis op een munt ontbreekt, dan is hij toch in alle landen van waarde. Zo is meditatie. De tijd die we mediterend hebben doorgebracht is nooit verloren. Denk je eens in hoe waardevol goud zou zijn als het ook een heerlijke geur had! Zo is het als we mediteren en ook compassie hebben. Dan verdwijnen alle obstakels op het pad van Gods genade die naar ons stroomt.

Veel mensen komen hier en klagen: "Die persoon heeft me behekst! Ze hebben zwarte magie tegen mij gebruikt," enzovoorts. Geloof niet in dergelijke dingen, mijn kinderen! Wat we nu ervaren zijn de gevolgen van onze eigen handelingen in het verleden. Het is zinloos om iemand anders daarvan de schuld te geven.

In het leven is zowel geluk als verdriet. Om dit in evenwicht te houden en vooruit te gaan moeten we spiritualiteit begrijpen. Het zogenaamde lot is het resultaat van onze vroegere handelingen en dit betekent dat onze handelingen erg belangrijk zijn. Dus in plaats van je geld te verkwisten aan tovenarij en dergelijke dingen, probeer met concentratie te bidden en uit liefdadigheid te geven aan hen die het verdienen. Zulke goede daden zullen zeker de verlangde resultaten geven.

Alleen zij die intens *tapas* gedaan hebben, kunnen de kracht van mantra's demonstreren. Zulke mensen zouden ons inderdaad met bepaalde mantra's kunnen schaden. Zoals er goede mantra's zijn, zijn er ook slechte mantra's. Maar wie kan er in deze tijd nog zulke kracht ontwikkelen door *tapas* te doen? Het is dus niet nodig om voor zulke dingen bang te zijn. Afhankelijk van onze geboortetijd moeten we in bepaalde fasen van ons leven lijden ondergaan. Als het erg warm is, kunnen we niets met concentratie doen. Een dronkaard weet niet wat hij zegt en kan door anderen om zijn woorden geslagen worden. Op dezelfde manier zijn er moeilijke perioden in het leven die van de geboortetijd afhangen. We schrijven deze perioden toe aan de effecten van Mars, Saturnus, Rahu enzovoorts. Verlies van rijkdom, ongelukken, ruzies, ziekten, het lijden van familie en vrienden, hindernissen in het algemeen, de schuld krijgen van fouten die we niet gemaakt hebben, dit kan allemaal in die perioden gebeuren. Zulke gebeurtenissen zijn niet het resultaat van iemands tovenarij of zwarte magie. Met het geld dat je aan zulke dingen besteedt, zou je beter je schulden af kunnen betalen.

In zulke perioden mogen we niet lui zijn. We moeten proberen geconcentreerd op God te mediteren. We moeten iedere dag zonder mankeren de *sahasranama archana* doen en voortdurend mantra's herhalen. Op die manier kunnen we de intensiteit van het leed enorm verminderen. Negentig procent van de moeilijkheden die we ervaren kan door onze inspanning verwijderd worden.

Mijn kinderen, er is nog iets dat jullie niet mogen vergeten. We mogen nooit iets doen wat anderen pijn kan bezorgen, omdat dat veel schade zal aanrichten. We kunnen iemand kwetsen die niets verkeerd gedaan heeft. Als hij met een gebroken hart uitroept: "O God, ik weet hier niets van, en toch zeggen ze dit!"

zal dat leed ons op een subtiele manier beïnvloeden en ons later schaden. Daarom wordt er gezegd dat we anderen in gedachten, woorden en daden geen pijn mogen doen. Ook al kunnen we anderen niet gelukkig maken, we moeten voorzichtig zijn dat we niemand pijn doen. Deze houding zal ons goddelijke genade geven.

Er zijn advertenties voor banen, er worden tests afgelegd en sollicitatiegesprekken gevoerd. We zien dat er banen gegeven worden aan hen die het er niet zo best van afbrachten bij de tests of sollicitatiegesprekken. Als de zaken volgens onze wil zouden verlopen, zouden degenen die de beste antwoorden gaven dan niet de banen krijgen? Maar dit gebeurt niet altijd. De basis van alles is dus Gods wil. Laten we ons daarom overgeven aan Gods wil. Zij die het niet zo best deden kregen het werk, omdat degene die het sollicitatiegesprek voerde voor hen compassie voelde die hij niet voor de andere kandidaten voelde. Die compassie ontstond door de vroegere goede daden van de kandidaat. Dat is Gods genade. Als we bepaalde kansen missen, moeten we niet treuren; in plaats daarvan moeten we goede daden verrichten, zodat we goddelijke genade kunnen ontvangen. We hebben de compassie van anderen nodig, die uit Gods genade voortkomt. Om die genade te kunnen ontvangen zijn van onze kant goede daden nodig.

We zaaien het zaad en geven mest. We graven putten en pompen 's zomers water op voor irrigatie. We verwijderen het onkruid regelmatig. Maar net wanneer de oogsttijd komt, is er een overstroming en wordt de hele oogst vernield. We zien dat dergelijke gebeurtenissen steeds opnieuw plaatsvinden. Dus hoewel we alle moeite doen, wordt er niets verwezenlijkt als er geen goddelijk genade is.

Inspanning en genade staan met elkaar in verband. We komen alleen voor Gods genade in aanmerking als we goede daden verrichten. Dus, mijn kinderen, laat in je geest alleen ruimte voor goede gedachten zijn, omdat onze gedachten de aard van onze handelingen bepalen. Laten we tot God bidden dat er altijd goede gedachten in ons opkomen en dat er goede daden op volgen.

Om Namah Shivaya!

Onbaatzuchtig dienen is de non-duale Waarheid

De zegenwens die Amma in 1995 uitspark bij de plechtige opening van Amrita Kripa Sagar, het hospitium voor terminale kankerpatiënten in Mumbai.

Amma groet jullie allemaal, die de belichaming van liefde zijn. Sommige kinderen van Amma die zien dat dit ziekenhuis ingewijd wordt, vragen zich misschien af: "Wat is de zin van dienen in het leven van *sannyasa*, het leven van verzaking?" Mijn kinderen, de waarheid is dat compassie met de armen onze plicht tegenover God is.

De zon heeft het licht van een kaars niet nodig. De zon geeft de hele wereld licht. De rivier hoeft niet rond te zwerven op zoek naar water om zijn dorst te lessen. Wij zijn het die het water van de rivier nodig hebben om onze dorst te lessen. Zo hebben wij ook Gods genade nodig als we vrede en harmonie in ons leven willen hebben. Wij moeten Gods liefde en compassie accepteren en die dan met anderen delen. Alleen zo zal ons leven vol licht zijn.

We gaan voor aanbidding naar een tempel en als we naar buiten komen, jagen we met gesis de arme weg, die bij de deur staat en roept: "Ik heb zo'n honger!" Mijn kinderen, zulk gedrag past niet bij mensen die God toegewijd zijn. Vergeet niet dat compassie met de armen onze plicht tegenover God is.

Een *sannyasi* zwierf overal rond, op zoek naar God. Hij ging naar bossen, bergen, tempels en kerken, maar nergens kon hij God vinden. Uiteindelijk bereikte hij een verlaten plaats. Hij was erg moe. Het was een dicht bebost gebied en hij bleef daar een paar dagen.

Daar zag hij iedere dag een echtpaar voorbijgaan, beiden met een vat in hun handen. Hij zag niemand anders in het gebied. Hij was nieuwsgierig en wilde weten waar ze heen gingen. Daarom volgde hij hen op een dag stiekem en ontdekte wat ze deden. Het echtpaar bezocht een melaatsenkolonie. De lichamen van de melaatsen waren overdekt met de wonden van deze vreselijke ziekte. Deze mensen hadden niemand om hen te helpen en bleven alleen in leven door het voedsel dat ze af en toe als aalmoes kregen. Sommigen kronkelden van de pijn. Het echtpaar ging naar hen toe en sprak liefdevol met hen. Met veel mededogen maakten ze hun wonden schoon en gaven hun medicijnen. Met hun eigen handen gaf het echtpaar hun het eten dat ze meegebracht hadden. Ze legden de zieken veel positieve dingen uit. Ze legden schone lakens over hen heen. De gezichten van die arme, zieke mensen begonnen te stralen als zij het echtpaar zagen. De liefde waarmee het echtpaar hen verpleegde, was zo sterk dat de melaatsen tijdens hun bezoek al hun verdriet vergaten.

De *sannyasi* benaderde het echtpaar en vroeg hun om hun geschiedenis te vertellen. Ze legden een gedeelte van hun salaris opzij en gebruikten dat geld om dit werk te doen.

Voor de *sannyasi* was dit de eerste keer in zijn leven dat hij iets dergelijks meemaakte. Toen hij gezien had wat dit echtpaar deed, riep hij luid uit:"Vandaag heb ik God gezien!" en hij was zo gelukkig dat hij begon te dansen. De mensen die hem hoorden waren verrast: "Is hij gek geworden? Hij zegt dat hij God gezien heeft! Waar is die God? Is die melaatse zijn God?" Ze gingen naar hem toe en vroegen: "U zegt dat u God gezien hebt. Wie is die God?" Hij antwoordde: "Weet je, God kunnen we vinden waar compassie is. God verblijft in een hart vol compassie. De echte God is degene die zo'n hart heeft."

Amma herinnert zich nog een verhaal. Er was eens een vrouw die ononderbroken bezig was met het dienen van mensen in nood. Maar ze had een twijfel. Ze bad: "Lieve God, door al dit werk kan ik niet aan U denken of ook maar een moment met U communiceren. Krijg ik dus een plaats dicht bij U?" Haar ogen waren vol tranen van verdriet. Plotseling hoorde ze Gods stem: "Mijn dochter, ook al denk je dat je geen plaats dicht bij Me hebt, Ik ben altijd dicht bij jou!"

Mijn kinderen, waar mensen onbaatzuchtig dienen, is God zeker aanwezig. Sommige mensen lopen rond en praten over *advaita* (non-dualiteit). Ze zeggen: "Is alles niet het Zelf? Wie moet er dan van wie houden?" Het antwoord aan hen is dat *advaita* niet iets is dat met woorden uitgedrukt moet worden. *Advaita* is leven. Iedereen zien en beminnen als je eigen Zelf, dat is echte *advaita*. Dan identificeren we ons niet meer met ons individuele zelf; we zien dat wij en het universum niet twee, maar één zijn. Dat is non-dualiteit. Dat is echt leven.

Waar onbaatzuchtig gewerkt wordt, daar vinden we de hemel. Jullie kunnen vragen: "Is het niet genoeg om onbaatzuchtig te dienen? Zijn meditatie en het herhalen van een mantra noodzakelijk?" Als een gewoon iemand als een elektriciteitspaal is, kan een *tapasvi* (iemand die ascese beoefent) zoveel kracht verzamelen dat hij als een grote transformator wordt. Door spirituele oefeningen te doen, door de geest op één punt te richten in plaats van te denken aan irreële dingen, kunnen we zien dat onze kracht echt toeneemt. Dan hoeven we nergens te zoeken naar de kracht om onbaatzuchtig te kunnen dienen.

We moeten proberen een geest te ontwikkelen die als een wierookstokje is: het brandt op terwijl het geur aan de wereld geeft. Alleen in zo'n geest verspreidt God zijn licht. Alleen daarheen stroomt Gods genade. We moeten ervoor zorgen dat onze spirituele oefeningen vergezeld gaan van onbaatzuchtig dienen. Dat is als melk in een schoon vat gieten. Maar spirituele oefeningen doen zonder onbaatzuchtig te dienen is als melk in een vuil vat gieten. Mijn kinderen, denk niet dat we werkeloos toe kunnen kijken en anderen ons kunnen laten dienen.

Een man zag een vos met een gebroken been aan de kant van de weg liggen. Hij voelde medelijden met de vos en dacht: "Wie gaat dit gewonde dier eten brengen? Waarom doet God zulke dingen zo gedachteloos?" Hij bleef God de schuld geven en dacht toen: "Oké, ik zal kijken of iemand dit arme beest te eten komt geven." Hij ging een klein eindje verderop zitten. Een poosje later verscheen er een luipaard met een stuk vlees in zijn bek. Het at een deel van het vlees en liet de rest naast de vos achter. "Zal de luipaard morgen weer voedsel brengen?" vroeg de man zich af. Hij kwam de volgende dag opnieuw en wachtte. De luipaard bracht die dag ook vlees voor de vos. Dit gebeurde iedere dag. De man dacht: "De luipaard brengt de vos voedsel. Van nu af ga ik niet meer werken, omdat iemand mij zeker ook voedsel zal brengen." Hij verhuisde naar een andere plek en ging zitten. Er ging een hele dag voorbij; toen nog een. Hij kreeg niets. De derde dag was hij erg zwak. Hij begon zijn vertrouwen in God te verliezen, toen hij een stem hoorde die zie: "Mijn zoon, wees niet als de vos met het gebroken been! Wees als de luipaard die hem voedsel brengt!"

Mijn kinderen, we denken vaak: "Laat die mensen daar de wereld maar helpen," of: "Laat anderen voor de lijdende mensen zorgen." Maar, mijn lieve kinderen, passief toekijken zonder iets te doen is een belediging van God. God heeft ons gezondheid gegeven zodat we anderen kunnen dienen, terwijl we aan Hem denken. We moeten een geest ontwikkelen die bereid is de mensen die worstelen te helpen. We moeten altijd bereid zijn naargelang de situatie te helpen. Mijn dierbare kinderen, dit is de gemakkelijkste manier om een glimp van God te krijgen. God is altijd in ons. We hoeven niet rond te zwerven op zoek naar God. Maar alleen wanneer scherpzinnige intelligentie in ons wakker wordt, kan Gods wil door ons werken. Alleen dan kunnen we een beetje van Zijn aanwezigheid ervaren.

Mijn kinderen, tot nu toe hebben we de onzichtbare God aanbeden. Maar nu is God voor ons verschenen! Overal om ons heen zijn mensen die arm zijn en lijden. Zij zijn de echte God! Door hen te dienen en van hen te houden dienen we en houden we van God!

De belangrijkste emotie bij de mensen die naar dit hospitium komen, is angst voor de dood. Bij de patiënten die hier komen hebben alle behandelingen gefaald en zij hebben alle hoop in het leven verloren. Hun ziel beeft van de pijn en doodsangst. Om dit te verlichten moeten we hun de essentiële waarheid van het leven uitleggen. Ze moeten begrijpen dat de elektrische stroom niet ophoudt als de lamp kapotgaat. Dan kunnen ze met een glimlach op hun gezicht en een vredig hart afscheid van deze wereld nemen. Wij krijgen vandaag de gelegenheid om deze dienst te verlenen. Laten we tot de Almachtige bidden dat iedereen vrede verkrijgt.

*Hoofdingang
van het
AIMS-
ziekenhuis
in Cochin,
Kerala*

De helpende hand reiken aan hen die falen

Amma's toespraak bij de plechtige opening van het Amrita Institute of Medical Sciences (AIMS) in Kochi, Kerala, mei 1998

Amma groet jullie allemaal, die de belichaming van liefde en het Hoogste Zelf zijn. Amma kent geen bepaalde stijl van spreken of advies. Toch zal ze proberen iets te zeggen. Als er fouten in zitten, vergeef het haar dan alstublieft.

Mijn kinderen, het leven is niet alleen bedoeld voor hen die slagen, maar ook voor hen die falen. We zien dat een groot deel van de gewone mensen alleen over hun prestaties denken en praten. Maar als succes blijvend wil zijn, moeten we ook aan onze mislukkingen denken en daar aandacht aan besteden.

Iemand die ergens succes in heeft, gelooft gewoonlijk dat dit helemaal door zijn persoonlijke inspanning komt en hij probeert anderen hiervan te overtuigen. Als er echter een mislukking is, is het altijd de fout van een ander. De mensen zeggen doorgaans: "Ze deden niet wat ik hun opgedragen had. Als ze dat gedaan hadden, zouden we zeker geslaagd zijn." Mensen zeggen dit omdat ze een verkeerde houding tegenover mislukken hebben.

Als je zegt dat iemand gefaald heeft, betekent het dat hij geprobeerd heeft en een risico heeft durven nemen. Alleen zij die proberen, kunnen falen. Iedere activiteit houdt een risico in, bijvoorbeeld een berg beklimmen, de eerste stappen van een baby, in de oceaan vissen, voor een examen studeren en leren autorijden. Een avontuurlijke geest is nodig voor alles. Wat voor activiteit we ook ondernemen, succes en mislukking volgen ons als een schaduw. Soms slagen we en soms falen we. We hoeven niet bang te zijn om te falen. Faalangst zal verhinderen dat we in de toekomst slagen; we zullen niets tot stand kunnen brengen. Daarom moeten we de mensen die falen, aanmoedigen. Ze moeten aangemoedigd worden om opnieuw te proberen en we moeten hen leren niet bang te zijn. In de sport krijgen spelers troostprijzen, zelfs wanneer ze verliezen. Ze worden aangemoedigd. Het is altijd goed om mensen aan te moedigen.

We moeten begrijpen dat het leven niet alleen voor de winnaars is, maar ook voor hen die verliezen. En we moeten bereid zijn om aan hen die gefaald hebben, een kans te geven. We moeten hun fouten vergeven. Geduldig en vergevingsgezind zijn is als het oliën van een machine. Het helpt ons om vooruit te gaan. Als we degenen die slechts één keer gefaald hebben wegsturen, doen we hun zeer groot onrecht aan. Daarom zegt men dat niet alleen de winnaars, maar ook de verliezers bij wedstrijden een prijs moeten krijgen. De verliezers moeten niet belachelijk gemaakt worden; zij moeten aangemoedigd worden. Om het enthousiasme te bewaren is aanmoediging essentieel.

Thans krijgen alleen de winnaars een plaats in het leven. Zij die falen worden gewoonlijk uitgelachen. Amma's zienswijze is dat als we alleen maar succes in het leven willen, dat op zichzelf de grootste mislukking is.

Het leven is voor avontuurlijke mensen, niet voor defaitisten. Spiritualiteit leert ons dit principe. Alleen als we volgens dit principe leven, kunnen we in overeenstemming daarmee een nieuwe generatie voortbrengen. Nu vergeven is gestaag vooruitgaan. Dit brengt zowel hen die vergeven als hen die vergeving krijgen, op een hoger plan.

Mijn kinderen, jullie vragen je misschien af: "Worden we dan geen voetvegen? Verliezen we ons besef van onderscheid niet als we altijd vergeven enzovoort?" Helemaal niet. Het laat beide kanten vooruitgang boeken. Alleen bij hen die dit principe begrijpen, kan een echte houding van onbaatzuchtig dienen gevormd worden. Echt onbaatzuchtig dienen wordt gedaan met een geest van overgave. Het is als een cirkel; het heeft geen begin en geen einde, omdat het alleen liefde omwille van de liefde is. Bij deze houding zijn er geen verwachtingen. In deze toestand zien we allen die naast ons werken, als een geschenk van God. Dit kan alleen gebeuren als er liefde is en alleen dan kunnen we anderen vergeven en hun fouten vergeten.

We weten hoe onze grote voorvader Sri Rama was. Zijn antwoord voor zijn stiefmoeder Kaikeyi, die verantwoordelijk was voor zijn verbanning van veertien jaar naar het oerwoud, was dat hij voor haar knielde en om haar zegen vroeg voordat hij vertrok. Heer Krishna schonk bevrijding aan de jager wiens pijl er de oorzaak van was dat hij het lichaam verliet. De Heer vergaf de man zijn onwetendheid. Zo was Jezus Christus ook. Hij wist dat Judas hem zou verraden, maar toch aarzelde hij niet om de voeten van Judas te wassen en die te kussen.

Dit zijn de voorbeelden die onze voorouders ons laten zien. Als we hen als rolmodel gebruiken, kunnen we zeker vrede in ons leven ervaren.

De weg naar vooruitgang voor het land

Veel mensen stellen de vraag: "Hoe kan ik me aan het welzijn van de wereld en de vooruitgang van ons land wijden?" Dit land zal zich alleen ontwikkelen en groeien als we sterke, energieke en toegewijde mensen voortbrengen. Dit is wat Krishna deed. Hij gaf Arjuna, de grote boogschutter en krijger, de kracht, vitaliteit en efficiëntie om tegen onrechtvaardigheid, onwaarheid en bedrog te strijden. Hij veranderde Arjuna's houding tegenover het leven. Omdat Arjuna bereid was de woorden van de Heer op te volgen, hoefde hij niet de omstandigheden waarin hij zich bevond de schuld te geven en hij ontvluchtte die ook niet. In plaats daarvan vocht hij onvermoeibaar en had succes.

201

Buddha bereikte dit ook. Hij creëerde vele buddha's. Christus deed hetzelfde. Deze verlichte zielen schiepen weldoeners voor de wereld toen zij op aarde waren en blijven dat doen, ook al hebben ze deze wereld verlaten.

Het grootste geschenk dat we ons land kunnen geven is het voortbrengen van zo'n toekomstige generatie. De groei of het verval van het land hangt af van de kracht van de komende generatie. Ons hele leven moeten we de houding hebben dat we een beginneling zijn. Tegenwoordig zijn we lichamelijk gegroeid, maar niet geestelijk. Om de geest zo groot als het universum te laten worden moeten we de innerlijke houding van een kind handhaven. Alleen een kind kan zich ontwikkelen dankzij zijn onschuld. Deze onschuld en afwezigheid van het ego moeten we koesteren. Allen dan kunnen we Gods genade ontvangen.

De basis van alles is de Universele Kracht, die met ons jongleert en ons soms tot grote hoogten brengt. We verwerven dan naam en faam. Maar als die Universele Kracht ons niet steunt, vallen we neer en worden verpletterd. We moeten ons hiervan altijd bewust zijn. Amma herinnert zich in dit verband een verhaal.

Er lagen wat kiezelstenen op een hoop langs de weg. Er kwam een kind voorbij. Het pakte een van de kiezels op en wierp die hoog in de lucht. Toen de kiezelsteen omhoogging, begon hij trots te worden. "Kijk mij eens! Alle kiezels liggen daar beneden. Ik ben de enige die zo hoog door de lucht vliegt en met de zon en de maan meegaat!" De kiezelsteen spotte met de stenen op de grond: "Waarom liggen jullie nog daar? Kom omhoog!" De andere kiezels troosten zich: "Wat kunnen we doen? Een moment geleden lag hij hier bij ons. Kijk nu eens naar zijn status! Wel, voor alles heb je geluk nodig." Maar de hoog vliegende kiezelsteen kon niet lang blijven pochen. Toen de kracht van de worp ophield, begon hij te vallen. Toen hij op de grond viel, zei hij tegen de anderen: "Weet je, ik voelde me er slecht over dat ik bij jullie allemaal vandaan was. Daarom ben ik teruggekomen en ben ik niet lang daarboven gebleven." Altijd voor alles een rechtvaardiging vinden, de neiging om zelfs een val te rechtvaardigen, nooit je fouten toegeven – dat is wat we in de wereld van vandaag zien.

Er is wijsheid in ons, maar we zijn zelden in staat die in de praktijk te brengen. Toen een dokter een huisbezoek aflegde, werd hem een Coca-Cola en kokoswater aangeboden. Hij koos de Coca-Cola en niet het verse kokoswater. Hij wist dat kokoswater het beste tegen de dorst is en dat Coca-Cola slecht voor het lichaam is. Maar Coca-Cola is in de mode en daarom wees hij het kokoswater af. Op dezelfde manier weerspiegelt de kennis die wij hebben zich niet in onze handelingen. We moeten onze kennis in handelingen omzetten, want alleen dan heeft het enig nut.

Vandaag de dag weet iedereen alleen hoe hij moet nemen. De bereidheid om te geven is in de meeste mensen niet aanwezig. Een man viel in een diepe kuil: "Red me! Red me!" riep hij. Een voorbijganger hoorde hem en kwam te hulp. Om de man uit de kuil te tillen zei hij: "Geef me je hand!" Maar de man in de kuil wilde hem zijn hand niet geven. Uiteindelijk stak de redder zijn eigen hand uit en zei: "Pak mijn hand beet!" Onmiddellijk pakte de man zijn hand. Zo zijn de meesten van ons tegenwoordig. We zijn alleen bereid te nemen en zijn zeer afkerig van geven. Als deze houding standhoudt, zal het tot de ondergang van het land leiden. Misschien kunnen we anderen niet inspireren om alleen maar te geven in plaats van te nemen, maar we kunnen op zijn minst proberen hen te inspireren iets te geven. Dit is de manier om de harmonie in dit land en de hele wereld te handhaven. Mijn kinderen, jullie moeten dit begrijpen en volharden. Alleen dan kan het land vooruitgaan.

Met Zijn handen en voeten overal

God is niet iemand die ergens hoog in de hemel op een ceremoniële troon zit. God is voorbij het intellect. God is een *ervaring.* We kunnen God niet met onze ogen zien, maar als we onze aandacht naar binnen keren, kunnen we Hem zien. Gods aanwezigheid kan gezien worden in de zingende koekoek, de krassende kraai, de donderende oceaan en de brullende leeuw. Hetzelfde Hoogste Bewustzijn zit achter lopende voeten, werkende handen, een sprekende tong, kijkende ogen en een kloppend hart. Het Hoogste Bewustzijn vult alles overal. Dit herinnert Amma aan een verhaal.

In een bepaald dorp stond een standbeeld van een heilige. De armen van het beeld waren uitgestrekt en onder het beeld waren deze woorden geschreven: *Kom in mijn armen!* Na vele jaren verloor het beeld beide armen. Dit zat de dopelingen dwars. Maar *Kom in mijn armen!* was nog steeds duidelijk te lezen. Sommige dorpelingen stelden voor om een nieuw standbeeld op te richten. Anderen waren het daarmee niet eens en zeiden: "Nee, we moeten het oude standbeeld repareren en nieuwe armen geven." Er kwam een oude man naar voren die zei: "Krijg hierover nu geen ruzie. Nieuwe armen of een nieuw standbeeld zijn niet nodig." De anderen vroegen: "Maar wat is in dat geval de betekenis van de woorden die onder het standbeeld staan: *Kom in mijn armen!* De oude man antwoordde: "Dat is geen probleem. Voeg onder deze woorden gewoon een paar woorden toe: *Ik heb alleen maar jullie armen. Mijn armen werken door die van jullie.*"

Zo ook heeft God geen eigen handen of voeten. God handelt door ons. We moeten God dus in onze handen en voeten brengen. En we moeten God in ons hart en onze taal brengen. We moeten zelf God worden.

Er gebeuren gewoonlijk twee dingen in het leven: we verrichten handelingen en we ervaren de resultaten van die handelingen. Terwijl goede handelingen goede resultaten geven, zullen negatieve handelingen zeker slechte resultaten geven. Wees niet bang voor deze woorden, mijn kinderen. Als we één stap naar God zetten, zet Hij tien stappen naar ons.

In dorpsscholen krijgen leerlingen vaak extra punten bij de examens om ze te laten slagen. Degenen die op zijn minst een aantal antwoorden hebben opgeschreven, kunnen op die manier een voldoende krijgen. Op dezelfde manier moet er inspanning van onze kant zijn. Als we die moeite gedaan hebben, volgt er zeker succes, omdat Gods genade naar ons stroomt. Gods genade is veeleer de oorzaak van ons succes dan onze inspanning. Gods genade voegt lieftalligheid aan onze inspanning toe.

Behalve dat we ons inspannen moeten we ook proberen het 'ik' in ons te verwijderen. Alleen dan kunnen we Gods genade ontvangen. Zelfs als God Zijn genade over ons uitgiet, is het tevergeefs als het ik-besef in ons aanwezig blijft. Mensen solliciteren naar een baan en zij die voor de test slagen, worden voor een sollicitatiegesprek opgeroepen. Veel sollicitanten die aan de eisen voor lengte en gewicht voldoen, verschijnen voor het gesprek met hun academische certificaten en uitstekende aanbevelingen. Maar zij de die vragen foutloos beantwoorden, worden niet altijd voor de baan geselecteerd. De reden is dat sommigen van hen niet de genade opriepen die het hart van de interviewer vertedert. Die genade wordt verkregen als het resultaat van goede handelingen. Er zijn er veel die op een gemakzuchtige manier proberen te krijgen wat ze willen, zonder te proberen die genade te krijgen.

Men zegt dat tien miljoen aardse roepies gelijk is aan één hemelse paisa[5]. En een seconde hemelse tijd is gelijk aan tien miljoen jaar op aarde. Iemand bad tot God: "God, bent U niet de zetel van mededogen? U hoeft me niet veel te geven. Zegen me alstublieft door me een paisa uit Uw wereld te geven." God antwoordde: "Natuurlijk. Ik ben blij je een paisa te geven. Wacht even een seconde!"

---

[5] Een paisa is een honderdste van een roepie.

Dit is wat er gebeurt wanneer we God proberen te bedotten. Maar God is geen dwaas! God is de Grote Intelligentie die de bron van alle intelligentie in het universum is. We mogen dit niet vergeten. Dus de gemakkelijke manier om succes in het leven te behalen is om in aanmerking te komen voor Gods genade door goede daden te verrichten.

Bij iedere handeling die we verrichten, moeten we de stem van ons geweten volgen. Alles wat we tegen ons geweten in doen door die stem te negeren, leidt tot innerlijke verwarring. Het leidt ons alleen naar de ondergang.

Nederigheid en mededogen

Amma zegt altijd dat meditatie is even waardevol als goud is. Meditatie leidt tot materiële voorspoed, vrede en bevrijding. Zelfs een moment dat we in meditatie doorbrengen, is nooit verspild; het kan alleen maar van grote waarde zijn. Als we naast onze meditatie ook mededogen hebben, is dat als goud met een aroma! Een glimlach, een vriendelijk woord, een meedogende blik, dat is allemaal echte meditatie. Zelfs een terloops woord van ons heeft grote betekenis. Daarom moeten we ieder woord met grote zorg uiten. We moeten voorzichtig zijn dat we niet één woord uiten dat iemand anders pijn kan doen, omdat alles wat we geven naar ons terugkomt. Als we anderen verdriet bezorgen, zullen wij verdriet ontvangen. Als we liefde geven, zullen wij blijheid en liefde ervaren.

Een groep reizigers was verdwaald en kwam in een onbekende plaats terecht. Op straat kwamen ze een man tegen en vroegen hem de weg. Ze vroegen grof: "Hé jij daar! Hoe komen we in die plaats?" Toen de man hun arrogante toon hoorde, besloot hij die hooghartige kerels af te schepen en hij gaf hun aanwijzingen om in een rondje te lopen.

Als ze hun arrogantie ingetoomd hadden en beleefd gevraagd hadden, dan zou de man geprobeerd hebben hen te helpen. Hij zou hen naar iemand die de weg wel wist gebracht hebben, als hij het zelf niet geweten had. Dus het antwoord dat we van anderen krijgen wordt bepaald door onze eigen houding tegenover hen en de woorden die we gebruiken. Als we liefdevol en nederig spreken, krijgen we een passend antwoord. Daarom wordt er gezegd dat we ieder woord dat we uiten, met grote zorg moeten kiezen.

Een man gaat naar een bepaalde buurt op zoek naar werk. "Ik ben een arme man. Ik ben werkeloos. Geef me alstublieft wat werk!" bedelt hij. Maar de mensen jagen hem weg. De arme man gaat naar een andere buurt. Maar de mensen daar schreeuwen tegen hem en bevelen hem weg te gaan. Als deze ervaring tien keer herhaald wordt, wil de man misschien niet eens meer leven. Hij wil zelfmoord plegen. Maar stel dat iemand liefdevol tegen hem zegt: "Wees geduldig. Als ik iets heb, zal ik je zeker roepen." Dit kan zijn leven redden. We moeten er daarom voor zorgen dat al onze gedachten en woorden vol liefde en mededogen zijn. Gods genade stroomt automatisch naar zulke mensen. "O God, laat niemand gekwetst worden door mijn gedachten, blik of woorden." Zo'n oprecht gebed is waar het bij echte devotie om gaat. Dit is echte kennis, onze echte plicht tegenover God.

De zon heeft het licht van een kaars niet nodig. God heeft niets van ons nodig. Het enige wat God van ons verwacht is een meedogend hart. We moeten naar degenen die lijden toe gaan en hun vrede geven. Dit is wat God wil. Onze vriendelijkheid vol liefde voor hen die lijden doet ons in aanmerking komen voor de genade van de Hoogste Geest.

Amma wil jullie niet storen door nog langer te praten. Amma kan er geen aanspraak op maken dat alle instituten van deze ashram door Amma's bekwaamheid ontstaan zijn. We kunnen al deze dingen doen dankzij de bekwaamheden van de toegewijden, kinderen zoals jullie. Duizenden kinderen van Amma zwoegen achttien uur per dag zonder salaris. Zelfs dit ziekenhuis werd niet gebouwd door het aan iemand uit te besteden Amma's kinderen werkten naar hun capaciteiten. Eerst werden er wat fouten gemaakt, maar niemand werd daarom weggestuurd. Door die aanmoediging en door Gods genade konden ze hun fouten hertsellen en het werk prachtig voltooien. Laten we hun die fouten gemaakt hebben, opnieuw een kans geven en hen aanmoedigen, in plaats van hen af te wijzen. Door degenen die tekortschoten een hand te geven kunnen we hen optillen tot de rijen van de winnaars.

Shiva…Shiva… Shiva.

Maak van iedere dag een Onamfeest

Amma's Onamboodschap in 1998 in Amritapuri

Vandaag is het Onam, een dag van feest, opwinding, enthousiasme en blijheid. Het is een dag waarop zelfs degenen die het meeste lijden, hun ellende proberen te vergeten. Men zegt dat herinneren door te vergeten echte herinnering is. Als een dokter aan zijn vrouw en kinderen blijft denken terwijl hij een operatie verricht, zal de operatie mislukken. Voor een succesvolle operatie moet hij zich helemaal concentreren op het werk dat hij doet. Evenzo, als hij thuiskomt en zijn kind voor zijn liefde op hem af komt rennen en uitroept: "Pappa! Pappa!" en hij dan nog aan zijn patiënten denkt, kan hij geen goede vader zijn. En als hij niet naar zijn vrouw luistert als ze hem haar problemen vertelt, kan hij ook geen goede echtgenoot zijn. De dokter vergeet zijn gezin als hij in het ziekenhuis is en vergeet het ziekenhuis als hij thuis is. Door dit vermogen om te vergeten bereikt hij succes op het werk en geluk in het leven.

Is het genoeg dat we alleen blij zijn op de heilige dag van Onam? Moet het leven niet iedere dag blij zijn? Slechts één dag in het jaar gelukkig zijn en verdrietig op alle andere dagen – is geluk voor slechts één dag mogelijk? Zijn we dan op die ene dag echt gelukkig? Denk hierover na, mijn kinderen!

Niet slechts één dag, maar alle driehonderd vijfenzestig dagen van het jaar moeten vol vreugde zijn. Ons hele leven moet een feest worden. Spiritualiteit leert ons de weg om dit te bereiken. Wil deze overgave plaatsvinden, dan is totale toevlucht tot het Hoogste Wezen noodzakelijk. Dit is wat Mahabali ons liet zien. Hij was een *asura*, maar hij was in staat zichzelf, zijn besef van 'ik', over te geven aan het Hoogste Wezen. God vraagt niets anders van ons.

God is de verpersoonlijking van mededogen. Hij staat nederig met beide handen naar ons uitgestrekt om ons ego te ontvangen. God heeft het liefst het ego als offergave van ons en dat is wat we God moeten aanbieden. Dit is wat Mahabali deed. Als we niet bereid zijn om dit te doen, zal God op de een of andere manier het ego uit ons trekken. God weet dat we alleen echt geluk kunnen ervaren wanneer dit gedaan is. Deze overgave aan het Hoogste Wezen brengt zuivering van de geest en het intellect tot stand. Zo kunnen we het leven in een feest veranderen.

Men zegt dat het alleen mogelijk is om gelukkig te zijn als er opoffering in het leven is. Er zijn veel kleine opofferingen in het leven. Cricketfans zijn bereid om regen en de brandende zon te trotseren om een wedstrijd te zien. Als een baby ziek is, blijven de ouders de hele nacht op en verzorgen het kind, hoewel ze de hele dag gewerkt hebben en uitgeput zijn. Dit zijn de kleine opofferingen die we maken. Maar om de hoogste vreugde die eeuwig duurt, te bereiken, is een groot offer nodig, de opoffering van het ego.

Alleen door opoffering vinden we geluk. Door een kleine opoffering ervaren we een vreugde van korte duur; hij is niet eeuwigdurend. Jullie herinneren je misschien het verhaal dat velen van jullie als kind te horen kregen. Het is het verhaal van de kleiklomp en het droge blad die verstoppertje speelden. Het is een verhaal voor kleine kinderen, maar het heeft een diepe betekenis. Toen de kleiklomp en het blad aan het spelen waren, stak er een wind op. De klomp werd erg bezorgd en dacht: "O nee! Misschien wordt het blad weggeblazen!" De klomp ging boven op het blad zitten en redde het. Even later begon het plotseling te regenen. Het blad ging boven op de klomp liggen en beschermde die tegen de regen. De klomp was gered. Maar toen kwamen de wind en de regen tegelijk en jullie weten wat er gebeurde. Het blad werd weggeblazen en de kleiklomp loste in de regen op. Zo is ons leven. Als we van anderen afhankelijk zijn, ervaren we een klein beetje geluk, maar als we met een groot gevaar geconfronteerd worden, is er niemand om ons te redden. Dan is onze enige toevlucht om bescherming te zoeken bij het Hoogste Wezen. Die overgave is onze enige bescherming. Het is de enige manier om in het hele leven geluk te bewaren.

Leef in dit moment

Mijn kinderen, we gaan misschien gebukt onder een zware last van verdriet: onze zoon heeft nog geen werk gevonden, onze dochter is nog niet getrouwd, we hebben het huis waar we van droomden nog niet gebouwd, onze ziekte geneest niet, er is onenigheid in het gezin, de zaak lijdt verlies enzovoorts. We branden als rijstkaf door aan al onze problemen te denken.[6] De geest is gespannen en deze spanning is de oorzaak van alle ziekten. De enige manier om deze spanning te verwijderen is overgave. Wat is het nut van het ondergaan van alle stress en lijden? We moeten onze handelingen naar beste vermogen verrichten en de kracht gebruiken die God ons gegeven heeft en dan de dingen zich volgens Gods wil laten ontvouwen. Laat alles aan het Hoogste Wezen over. Je totale toevlucht in God zoeken is de enige manier. Het heeft geen zin om jezelf op te laten branden door te denken aan wat voorbij is en aan wat nog gaat komen. Alleen dit huidige moment is bij je. Zorg ervoor dat je dit moment niet door je verdriet verliest.

'Morgen' zal nooit komen. Alleen *dit moment* is aan ons om te ervaren. We weten zelfs niet of we nog een keer adem zullen halen. Mijn lieve kinderen, we moeten proberen in het huidige moment te leven.

Dit betekent niet dat we geen plannen voor de toekomst hoeven te maken. Voordat we een huis bouwen, moeten we een ontwerp maken. Als we het ontwerp tekenen, moeten we daar

---

[6] Rijstkaf brandt zeer lang.

met onze aandacht volledig bij zijn. En als we het huis bouwen, moet onze aandacht daarop gericht zijn. Dit is wat Amma bedoelt. We moeten een ontwerp van een brug maken voordat we die bouwen. Op dat moment richten we onze aandacht niet op de bouw. We concentreren ons op het ontwerp. En als we later de brug bouwen, is onze aandacht volledig daarop gericht. Ons voorbereiden op de toekomst is zeker goed, maar wat is het nut van overbezorgd zijn over wat nog moet komen? Waar het om gaat is dat we dit moment nuttig en gelukkig doorbrengen. Amma praat over de manier waarop we dat kunnen doen. We moeten in dit moment dat we nu hebben, leven op een manier die de meeste vreugde aan de wereld en onszelf geeft.

Om op dit moment vreugde te ervaren moeten we vergeten wat het verleden is en wat nog gaat komen. Dit is mogelijk als we totale overgave aan het Hoogste Wezen hebben. Dan wordt het leven een feest. Het zal driehonderd vijfenzestig dagen in een jaar Onam zijn!

Dus, mijn kinderen, laten we ons aan het Hoogste Wezen overgeven en van het leven zelf een feest maken.

De geest verfijnen

Mijn kinderen, hoewel we er trots op zijn mensen te zijn, is dat alleen op de uiterlijke vorm van toepassing. Van binnen zijn we nog de grote aap! Onze geest is nog steeds de geest van een aap! De menselijke foetus in de baarmoeder heeft eerst de vorm van een vis en dan die van een aap. En als we dan als mens geboren zijn, zijn we niet bereid onze apenaard op te geven.

Een aap in een boom springt van de ene tak naar de andere. Maar de menselijke aap is hieraan verre superieur, want in één sprong bereikt hij de maan. Bij de volgende sprong landt hij in Amerika en bij de daarop volgende in Rusland. Hij springt vele jaren terug in het verleden en springt het volgend moment de toekomst in. Zo gedraagt de aap van de menselijke geest zich.

Zo'n geest veranderen is geen geringe taak. De kracht van onze *samskara* uit het verleden is erg groot.

Drie mannen liepen over een weg. Ze heetten Ramu, Damu en Komu. Toen ze daar liepen, riep iemand van achteren: "Hé Ramu!" Ramu keek om. Na een tijdje riep iemand anders: "Hé Damu!" Deze keer keek Damu om. Na een tijdje hoorden ze: "Hé Komu!" en Komu keek om. Toen ze verder liepen, riep iemand plotseling: "Hé jullie, apen!" Alle drie keken toen om.

Dit is een oude aangeboren neiging. De mens heeft een apengeest, een geest die voortdurend in verschillende richtingen holt. En het is erg moeilijk dat te veranderen. Om zo'n geest onder controle te krijgen moet hij in een cirkel gebogen worden, dat wil zeggen de gedachten die alle kanten op gaan, moeten op orde en onder controle gebracht worden. De eigenschappen die nodig zijn om dit te bereiken zijn nederigheid en overgave. Als we deze eigenschappen hebben, zullen onze gedachten niet ronddwalen zoals ze graag willen. Als een slang zijn staart in zijn mond stopt, kan hij niet vooruitgaan. Zo ook, als wij onze geest volgens onze wil kunnen ombuigen, verdwijnen ongewenste gedachten en is ons geest onder controle.

Mahabali had de nederigheid om zijn hoofd voor de Hoogste Geest te buigen. Hij kon zich aan God overgeven. Als gevolg werd zijn geest even omvangrijk als het universum en vulden liefde en mededogen zijn wezen. Zo evolueerde hij van de duivelse staat naar de goddelijke staat.

Ook wij kunnen ons ontwikkelen van onze huidige apengeest naar het niveau van God. Het enige wat we hoeven te doen is ons overgeven aan God. We moeten bereid zijn om ons hoofd voor God te buigen. We moeten nederigheid ontwikkelen. Amma zegt jullie zo vaak dat ons lichaam gegroeid is, maar niet onze geest. Dit is onze huidige toestand. Als de geest zo omvangrijk als het universum wil worden, moeten we eerst als kinderen worden, omdat alleen een kind kan groeien.

Als we een buis met een reservoir verbinden, stroomt al het water in het reservoir eruit en het water dat in het reservoir zat, is van nut voor de wereld. Op dezelfde manier moeten wij met de Hoogste Geest verbonden worden. Dan zal Gods oneindige kracht door ons stromen. Ons verbinden met de Hoogste Geest is het ik-besef opgeven en alles aan God overgeven. Door de houding dat we niets zijn, worden we echt alles. Dit is de betekenis van het gezegde "Als je een nul bent, wordt je een held[7]."

Een toegewijde moet de volgende eigenschappen hebben: hij moet nederig tegenover anderen zijn, een gevoel van respect voor alle levende wezens hebben, meedogend zijn en altijd de houding hebben dat hij een beginneling is. Dit is de cultuur die de oude *rishi's* ons gaven. Als we deze eigenschappen in ons opnemen en in overeenstemming daarmee leven, kunnen we het uiteindelijke doel van het leven bereiken.

---

[7] In het Engels rijmt dit: If you are a zero, you will become a hero.

Woordenlijst

Advaita – non-dualisme. De filosofie die leert dat de Schepper en de schepping één en ondeelbaar zijn.

Archana – 'offergave ter aanbidding'. Een vorm van aanbidding waarbij de namen van een godheid gereciteerd worden, gewoonlijk 108, 300 of 1000 namen per keer.

Arjuna – de derde van de vijf Pandavabroers. Een groot boogschutter die een van de helden van de Mahabharata is. Hij was de vriend en leerling van Krishna. In de Bhagavad Gita spreekt Krishna tot Arjuna.

Ashram – 'plaats van inspanning'. Een plaats die spirituele aspiranten bewonen of bezoeken om een spiritueel leven te leiden en spirituele oefeningen te doen. Het is gewoonlijk het huis van een spiritueel meester, heilige of asceet die de aspiranten leidt.

Asura – een duivel; iemand met duivelse eigenschappen.

Atman – het transcendente Zelf, Geest of Bewustzijn, die eeuwig en onze essentiële aard is. Een van de fundamentele basisprincipes van Sanatana Dharma is dat wij het eeuwige, zuivere en smetteloze Zelf (Atman) zijn.

Avatar – 'afdaling'. Een incarnatie van het Hoogste Wezen. Het doel van een goddelijke incarnatie is de bescherming van de rechtvaardigen, de vernietiging van de slechten, het herstel van rechtvaardigheid in de wereld en de mensheid naar het spirituele doel van Zelfrealisatie leiden. Zelden is een incarnatie een volledige *avatar* (*Purnavatar*).

Bhagavad Gita – 'lied van de Heer'. Bhagavad = van de Heer; gita = lied; verwijst vooral naar het geven van raad. Het onderricht dat Krishna aan Arjuna gaf op het slagveld van Kurukshetra aan het begin van de Mahabharata-oorlog. Het is een praktische leidraad voor het dagelijkse leven van iedereen en bevat de essentie van de vedische wijsheid.

Bhagavatam – een van de achttien geschriften die bekend staan als purana's; gaat vooral over de incarnaties van Vishnu en zeer gedetailleerd over het leven van Sri Krishna. Het benadrukt de weg van devotie. Wordt ook Srimad Bhagavatam genoemd.

Bhakti – devotie.

Bhava – goddelijke stemming, houding of toestand.

Bhima – de tweede van de vijf Pandavabroers; hun geschiedenis wordt in de Mahabharata beschreven.

Brahmachari – een celibataire leerling die spirituele disciplines beoefent en gewoonlijk door een Guru wordt opgeleid.

Brahman – de Absolute Werkelijkheid, het Geheel, het Hoogste Wezen, 'Dat' wat alles omvat en doordringt, wat één en ondeelbaar is.

Darshan – een audiëntie bij of een visioen van God of een heilige.

Dhanvantari – verschijnt in the veda's en purana's als de arts van de hemelbewoners (*deva's*) en is de godheid van de geneeskunde.

Dharma – van de wortel *dhri*; steunen, hooghouden, vasthouden. Vaak eenvoudig vertaald met 'rechtvaardigheid'. *Dharma* heeft vele diep met elkaar verbonden betekenissen: dat wat het universum ondersteunt, de wetten van de Waarheid, de universele wetten, de natuurwetten, in overeenstemming met goddelijke harmonie, rechtvaardigheid, religie, plicht, verantwoordelijkheid, juist gedrag, gerechtigheid, goedheid en waarheid. *Dharma* verwijst naar de innerlijke principes van een godsdienst. Het betekent de ware aard, de juiste functies en handelingen van een wezen of voorwerp. Het is bijvoorbeeld het *dharma* van vuur om te branden. Het *dharma* van een mens is om in harmonie met de universele spirituele principes te leven en een hoger bewustzijn te ontwikkelen.

Gopi – de *gopi's* waren koeherderinnen en melkmeisjes die in Vrindavan woonden. Ze waren Krishna's naaste volgelingen en stonden bekend om hun opperste toewijding aan de Heer. Ze illustreren de meest intense liefde voor God.

Grihasthashrami – iemand die een spiritueel leven leidt, terwijl hij een gezin heeft.

Ishta Devata – 'geliefde Godheid'. De Godheid die men heeft gekozen om te aanbidden in overeenstemming met de eigen natuur en die het voorwerp van iemands grootste verlangen en zijn uiteindelijke doel is.

Ithihasa – 'zo was het'. Epische geschiedenis, met name de Ramayana en Mahabharata. Deze term verwijst soms naar de purana's, in het bijzonder de Skanda Purana en de Srimad Bhagavatam.

Kali Yuga – 'tijdperk van duisternis'. Er is een cyclus van vier tijdperken of perioden in de schepping (zie *Yuga* in de woordenlijst). We leven nu in *Kali Yuga*, waarin de menselijke beschaving spiritueel degenereert en ongerechtigheid de overhand heeft. Het wordt als het donkere tijdperk aangeduid, omdat de mensen zeer ver van God verwijderd zijn.

Krishna – 'hij die ons naar zich toe trekt', 'de donkere'. ('Donker' verwijst in deze context naar zijn grenzeloosheid en het feit dat hij onkenbaar en onbegrijpelijk is voor het zeer beperkte bereik van de geest en het intellect.) Hij werd in een koninklijke familie geboren, maar groeide bij pleegouders op en leefde als jonge koeherder in Vrindavan, waar hij geliefd was bij en aanbeden werd door zijn toegewijde metgezellen, de *gopi's* en *gopa's* (koeherders). Krishna werd later heerser over Dwaraka. Hij was een vriend en adviseur van zijn neven, de Pandava's, in het bijzonder van Arjuna, aan wie hij zijn onderricht in de Bhagavad Gita openbaarde.

Kuchela – Kuchela was een jeugdvriend van Heer Krishna. Als volwassene leefde Kuchela in armoede. Zijn vrouw en kinderen leden honger. Op een dag zei Kuchela's vrouw tegen hem:

"Was Heer Krishna niet jouw klasgenoot? Ga naar hem toe en vraag om hulp." Kuchela stemde ermee in. Maar hoe kon hij met lege handen naar zijn oude vriend gaan? Er was niets in zijn huis om te geven, behalve een handvol geplette rijst. Kuchela vertrok naar Mathura met de geplette rijst als zijn enige gift. Onderweg vroeg hij zich af hoe Krishna hem zou ontvangen. Krishna was beroemd en woonde in een paleis, terwijl hij, Kuchela, in uiterste armoede leefde. Maar zodra Krishna Kuchela zag, rende hij naar voren en omhelsde hem. Hij nodigde Kuchela in het paleis uit en behandelde hem met grote affectie. Kuchela aarzelde om het handjevol geplette rijst aan te bieden. Maar Krishna greep het, at het en bood het aan anderen aan. Hij prees de smaak ervan. Kuchela verbleef vier dagen gelukkig in het paleis. Hij vergat helemaal om Krishna te vragen om zijn armoede te verlichten. Maar toen hij thuiskwam, ontdekte hij dat Krishna goud, dure kleding en geld naar zijn huis had gestuurd. Er werd een prachtige villa voor Kuchela gebouwd.

Mahabali – Mahabali wordt gevierd op de feestdag van Onam. Mahabali was een machtige *asura*koning die de *deva's* in de strijd versloeg en zijn heerschappij over het hemelrijk uitbreidde. Aditi, de moeder van alle deva's, maakte zich zorgen over het lot van haar nakomelingen en bad tot Heer Vishnu om hen te redden. Heer Vishnu werd geboren als haar zoon in de vorm van Vamana, de goddelijke dwerg. Vamana bezocht Mahabali als *brahmachari*. Mahabali verwelkomde hem en beloofde hem ieder geschenk dat hij wilde. Vamana vroeg alleen om zoveel land als hij met drie voetstappen kon bedekken. Mahabali vond dit een onbeduidend verzoek. Toch schonk hij Vamana het land, ondanks de waarschuwing van zijn Guru dat de jonge *brahmachari* niemand minder dan de Heer zelf was, die in vermomming was gekomen. Toen

Vamana met zijn stappen het land begon te meten, groeide hij uit tot een immense grootte en bedekte alle werelden in slechts twee stappen. Omdat er geen ruimte voor de derde stap was, gaf Mahabali zich blij aan de Heer over en bood zijn hoofd aan als een plaats waar de Heer Zijn voet kon plaatsen. In de populaire versie van het verhaal duwde de Heer Mahabali met zijn voet naar beneden naar de onderwereld. Maar Amma wijst erop dat dit niet de juiste interpretatie van het verhaal is en het zo niet in de Srimad Bhagavatam gebeurt. Het echte motief van de Heer was om het ego van Mahabali, die in alle andere opzichten een groot liefhebber van Hem was, te vernietigen. In de Bhagavatam krijgt Mahabali een zeer bijzondere plaats in de wereld van Sutala, waar hij zich terugtrekt samen met zijn voorname grootvader, Prahlada, een van de grootste toegewijden van de Heer. De Heer zelf belooft als Mahabali's portier in die prachtige wereld te blijven. De essentie van het verhaal is dat de Heer Zijn toegewijde zegent door zijn ego te vernietigen en dat Hij hem tot de allerhoogste staat verheft. Men zegt dat Mahabali de Heer verzocht dat hij zijn geliefde onderdanen een keer per jaar mocht bezoeken. Onam is de dag waarop hij dat bezoek aflegt. Volgens de legende was Mahabali een groot heerser onder wie iedereen gelijk en welvarend was en met Onam herdenken de mensen in Kerala zijn gouden heerschappij. Deze associatie van Mahabali's naam met een bepaald festival gebeurt alleen in Kerala. De Bhagavatam maakt geen melding van een verzoek van Mahabali om zijn onderdanen jaarlijks te bezoeken.

Mahatma – 'grote ziel'. Wanneer Amma het woord *mahatma* gebruikt, verwijst ze naar een gerealiseerde ziel.

Onam – Onam is het belangrijkste feest in Kerala. Het wordt gevierd in de eerste maand van het Malayalam kalenderjaar en heeft het karakter van Nieuwjaar en de viering van het oogstfeest. Iedereen, ongeacht kaste, geloof of rijkdom, verheugt zich en viert deze dag. Men draagt nieuwe kleren en geniet van speciale maaltijden. Onam markeert de jaarlijkse terugkeer van de geest van de mythische koning Mahabali naar zijn koninkrijk.

Pada puja – de aanbidding van de voeten van God, de Guru of een heilige. Zoals de voeten het lichaam ondersteunen, ondersteunt het Guruprincipe de Allerhoogste Waarheid. De voeten van de Guru vertegenwoordigen dus de Allerhoogste Waarheid.

Payasam – zoete rijstpudding.

Prarabdha – 'verantwoordelijkheden, lasten'. Het resultaat van voorbije handelingen in dit en vorige levens dat zich in dit leven zal manifesteren.

Puja – 'aanbidding'. Heilig ritueel; ceremoniële aanbidding.

Radha – een van Krishna's *gopi's*. Ze was dichter bij Krishna dan elke andere *gopi* en verpersoonlijkt de hoogste en zuiverste liefde voor God.

Rahu – een van de *navagraha's* (negen planeten). Rahu is de stijgende maanknoop. In de hindoeïstische mythologie is Rahu een slang die de zon of de maan opslokt, wat een eclips veroorzaakt.

Rama – 'gever van vreugde'. De goddelijke held in het epos de Ramayana. Hij was een incarnatie van Heer Vishnu, en wordt als het ideaal van *dharma* en deugd beschouwd.

Ramayana – 'het leven van Rama'. Een van de twee grote Indiase historische heldendichten (de andere is de Mahabharata) over het leven van Rama, geschreven door Valmiki. Rama was een incarnatie van Vishnu. Een belangrijk deel van het epos beschrijft hoe Sita, Rama's vrouw, door Ravana, de demonenkoning, werd ontvoerd en meegenomen naar Sri Lanka, en hoe ze werd gered door Rama en zijn volgelingen, onder wie zijn grote toegewijde Hanuman.

Rishi – *rsi* = weten. gerealiseerde ziener. Meestal verwijst het naar de zeven *rishi's* van het oude India, gerealiseerde zielen die de Allerhoogste Waarheid konden 'zien'.

Sabarimala – een bedevaartcentrum in Kerala met een beroemde tempel die aan Heer Ayyappan gewijd is.

Samadhi – een toestand van diepe, op één punt gerichte concentratie, waarin alle gedachten verdwijnen en de geest in een toestand van volledige stilte komt, waarin alleen Zuiver Bewustzijn overblijft en men in het *Atman* (Zelf) verblijft. Het wordt beschreven als een toestand waarin degene die ervaart, de ervaring en dat wat wordt ervaren één zijn.

Samsara – de voortdurende cyclus van geboorte, dood en wedergeboorte.

Samskara – *samskara* heeft twee betekenissen: 1. het geheel van impressies die in de geest zijn achtergelaten door ervaringen uit dit of vorige levens en die het leven van een mens beïnvloeden: zijn karakter, handelingen, gemoedstoestand enz. 2. het ontsteken van juist begrip (kennis) in iemand wat leidt tot verfijning van zijn karakter.

Sanatana Dharma – de Eeuwige Religie, het Eeuwige Principe. De traditionele naam voor het hindoeïsme.

Sankalpa – een creatief, integraal besluit dat manifest wordt. De *sankalpa* van een gewoon iemand heeft niet altijd het overeenkomstige resultaat, maar een *sankalpa* gemaakt door een gerealiseerd persoon manifesteert onvermijdelijk het beoogde resultaat.

Sannyasi en sannyasini – een monnik of non die formele geloften van verzaking heeft afgelegd en traditioneel okerkleurige kleding draagt, die de verbranding van alle gehechtheid symboliseert.

Satsang – *sat* = waarheid, het zijn; *sanga* = omgang met. In het gezelschap van de heiligen, wijzen, en deugdzamen zijn. Ook een spirituele lezing door een wijze of geleerde.

Seva – onbaatzuchtig dienen.

Sita – de vrouw van Rama. Ze wordt als een perfect model van deugd voor vrouwen beschouwd.

Sri Lalita Sahasranama : een heilige tekst bestaande uit de 1000 namen van de Goddelijke Moeder, die worden gereciteerd. Elke naam is een mantra.

Tapas – 'hitte'. Zelfdiscipline, ascese, boete en zelfopoffering, spirituele oefeningen die de onzuiverheden van de geest verbranden.

Tapasvi – een serieuze beoefenaar van tapas.

Vanaprastha – de teruggetrokken fase van het leven. In de oude Indiase traditie zijn er vier stadia van het leven. Eerst wordt de jongeling naar een *gurukula* gestuurd, waar hij het leven van een *brahmachari* leidt. Dan trouwt hij en leeft met een gezin, gewijd aan geestelijk leven (*grihasthashrami*). *Vanaprastha* is de derde fase van het leven. Als de kinderen van het echtpaar oud genoeg zijn om voor zichzelf te zorgen, trekken de ouders zich terug als kluizenaars of in een *ashram*, waar ze een zuiver geestelijk leven leiden en spirituele oefeningen doen. Tijdens de vierde fase van het leven doen ze volledig afstand van de wereld en leven als *sannyasi*.

Vedanga – takken van kennis die behulpzaam zijn voor de veda's.

Vedanta – 'einde van de veda'. De filosofie van de upanishaden, het afsluitende deel van de veda's, die de Ultieme Waarheid zien als 'Een zonder een tweede'.

Vedantin – iemand die het pad van vedanta volgt.

Vedas – 'kennis, wijsheid'. De oude, heilige geschriften van het hindoeïsme. Een verzameling heilige teksten in het Sanskriet, die in vier delen zijn onderverdeeld: Rig, Yajur, Sama en Atharva. De veda's, die tot 's werelds oudste geschriften behoren, bestaan uit 100.000 verzen en aanvullend proza. Ze werden geschouwd door de *rishi's*, die gerealiseerde wijzen waren. De Veda's worden beschouwd als de rechtstreekse openbaring van de Hoogste Waarheid.

Viveka – onderscheidingsvermogen, het vermogen om onderscheid te maken tussen het werkelijke en het onwerkelijke, het eeuwige en het tijdelijke, *dharma* en *adharma* (onrechtvaardigheid), enz.

Yudhisthira – de oudste van de vijf Pandavabroers. Hij was koning van Hastinapura en Indraprastha. Hij stond bekend om zijn smetteloze vroomheid.

Yuga – tijdperk of eon. Er zijn vier *yuga's*: *Satya Yuga* of *Krita Yuga* (het gouden tijdperk), *Treta Yuga, Dwapara Yuga* en *Kali Yuga* (het donkere tijdperk). We leven momenteel in *Kali Yuga*. Men zegt dat de *yuga's* elkaar bijna eindeloos opvolgen.